Peter Jackob

Der Fall der Fälle

SHERLOCK HOLMES
THE LATE CASES

DER FALL DER FÄLLE

von
Peter Jackob

Originalausgabe 2024
1. Auflage 2024

www.peterjackob.de
Gestaltung und Satz: Wordwide GmbH, Mainz
Gestaltung Umschlag: Axel Weber
Cover: © Black White Mouse, AdobeStock; Ruth Black_AdobeStock; Treatzone_AdobeStock
edition-tz.de
TZ-Verlag & Print GmbH, Roßdorf b. Darmstadt
Druck und Bindung: TZ-Verlag & Print GmbH
ISBN: 978-3-96031-056-3

Inhalt

Für K.K.

»The appeal was one which could not be ignored. It was impossible to refuse the request of a fellow-countrywoman dying in a strange land. Yet I had my scruples about leaving Holmes.«

Sir Arthur Conan Doyle: »The Final Problem« (1893)

EIN TELEGRAMM

Lange Jahre hatte ich Sherlock Holmes nicht mehr zu Gesicht bekommen. Wie allgemein bekannt sein dürfte, hatte mein berühmter Freund London den Rücken gekehrt und sich auf seinen Alterssitz in die South Downs zurückgezogen. Der einzige Kontakt bestand darin, einander in unregelmäßigen Abständen Briefe zu schreiben und uns über die Lebensumstände des anderen zu erkundigen.

Jedes Mal, wenn ich an seine hagere Gestalt, die hohe Stirn, die Adlernase und seine durchdringenden, schlauen Augen dachte, spürte ich, wie mir ein Lächeln über die Lippen huschte. Dieser geniale, launische Eigenbrötler, dessen Verhalten von seinen Mitmenschen gerne als hochmütig und abweisend beschrieben wurde, würde immer ein Teil von mir sein. Warum ausgerechnet ich hinter die undurchdringliche Maske seines Wesens blicken durfte, wird wohl sein Geheimnis bleiben. So gingen die Jahre ins Land, der große Krieg war gekommen und endlich vorüber, und das Leben schien allmählich wieder in geregelten Bahnen abzulaufen.

Ich erinnere mich noch genau an den Tag, es war der 15. April 1920, als ich nicht etwa einen Brief, sondern wie zu früheren Zeiten, ein Telegramm von ihm erhielt. Warum wir nie miteinander telefonierten, hätte ich beim besten Willen nicht sagen können. Zu meiner völligen Verblüffung bat er mich, ihn umgehend in den Downs aufzusuchen. Die Nachricht klang ausgesprochen dringlich und endete mit den Worten:

Wenn Ihnen etwas an mir liegt, machen Sie sich auf den Weg. FdF, Sie wissen schon, Watson. SH

Reichlich irritiert ließ ich das Blatt sinken. FdF, der Fall der Fälle, wie wir ihn genannt hatten. Holmes hatte mich vor Jahren darauf eingeschworen, egal unter welchen Umständen, kein Wort darüber zu verlieren. Warum erwähnte er ihn jetzt? Gab es noch etwas Neues darüber zu sagen? Das konnte ich mir eigentlich nicht vorstellen. Ich begann zu spekulieren – ging es Holmes gesundheitlich schlecht? Wollte er am Ende seines Lebensweges ein letztes Mal mit mir über vergangene Zeiten sprechen? Ich entschied, ihn so schnell wie möglich aufzusuchen. In meinem Antworttelegramm kündigte ich mich für den 18. April an. Seine Replik ließ nicht lange auf sich warten. Darin hieß es in seiner typisch lapidaren Art: »Ich erwarte Sie, alter Junge.«

DAS WIEDERSEHEN

Am Tag meiner Reise in die Downs machte ich mich am frühen Morgen zur Victoria Station auf und nahm den ersten Zug in Richtung Sussex. Ich hatte die vergangene Nacht äußerst schlecht geschlafen, wirre Gedanken über den gesundheitlichen Zustand meines Freundes waren mir durch den Kopf gegangen. Ich wollte mir nicht vorstellen, wie es wäre, ihn das letzte Mal zu sehen. Überlegungen dieser Art hatte ich bislang verdrängt, denn auch wenn wir uns nicht sahen, war Holmes immer ein Teil meines Lebens geblieben. In welcher Verfassung würde er sein?, fragte ich mich.

Es ist wahrlich kein Geheimnis, dass es einer Herkules-Aufgabe gleicht, in Würde zu altern, und ich hoffte inständig, dass es ihm gelang. Meinen Gedanken nachhängend, saß ich im Abteil und verlor mich im Anblick der Landschaft. Viele Male hatten wir in Zugabteilen auf dem Weg zu schier unlösbaren Verbrechen gesessen. Es waren aufregende und unvergessliche Abenteuer gewesen, obwohl mir Holmes ein ums andere Mal sprichwörtlich den letzten Nerv geraubt hatte. Dennoch war es jede Mühe Wert gewesen.

Nach geruhsamer Fahrt erreichte ich schließlich den Bahnhof von Eastbourne, stieg unverzüglich auf dem Vorplatz in ein Taxi und nannte dem Fahrer die Adresse meines langjährigen Gefährten. Ganz offenkundig wollte der Mann hinter dem Steuer etwas loswerden, aber es brauchte mehrere Anläufe, bis er sich zu Wort meldete.

»Da wohnt doch dieser Sherlock Holmes, Sir?«

Ich bejahte einsilbig. Den Mann drängte es, mehr über ihn zu berichten.

»Das ist der berühmte Detektiv aus London. Er lebt schon seit einigen Jahren hier, ist im Ruhestand.«

»Das ist mir bekannt.«

Der Taxifahrer gab trotz meiner auffällig kurzen Antworten nicht auf.

»Das soll ein ziemlich eigenartiger Mensch sein, wie ich gehört habe.«

Er wartete kurz ab. Da ich nicht reagierte, raunte er mir schließlich zu:

»Züchtet wohl Bienen und macht lange Spaziergänge.«

Eine weitere Pause folgte, die die Wichtigkeit der nun folgenden Aussage betonen sollte. Erst räusperte er sich etwas zu laut, dann bemerkte er mit übertrieben gedämpfter Stimme: »Wenn Sie mich fragen, ist da nicht viel dahinter.«

Weil ich auch jetzt nicht auf seine Andeutungen einging, schwieg er endlich. Nach weiteren zehn Minuten endete die Fahrt vor einem idyllischen Cottage, das etwa hundert Yards von der Straße entfernt inmitten der Landschaft lag. Der Fahrer ließ es sich nicht nehmen, mir einen letzten Hinweis mit auf den Weg zu geben.

»Sie müssen klopfen. Es gibt keine Klingel, Sir.«

Ihm für die Auskunft dankend, zahlte ich und stieg mit meinem handlichen Lederkoffer aus. Ich sah mich um und atmete tief durch, die frische Luft war ausgesprochen wohltuend. Die weite, hügelige Landschaft wirkte einladend und hob meine Stimmung, doch hatte mich die Reise mehr mitgenommen als erwartet. Ich war froh, vor dem schön gelegenen Cottage meines alten Freundes zu stehen, mit dem ich so viele gemeinsame Abenteuer bestanden hatte.

Seit der Ankunft am Bahnhof war meine Anspannung stetig gewachsen, aber erst jetzt spürte ich, wie sehr mich unser anstehendes Wiedersehen bewegte. Ich stand da und konnte einfach nicht weitergehen. Wie würde der erste Moment sein? Bei unserem letzten Zusammentreffen hatte Holmes den Agenten Von Bork dingfest gemacht, allerdings war es mir in meinem Bericht nicht vergönnt gewesen, mehr als einen kleinen Teil des vielschichtigen Falls darzulegen. Wir hatten bei unseren Gesprächen die Ereignisse rund um die Überführung des deutschen Agenten, bei dem Holmes mich um besondere Verschwiegenheit gebeten hatte, nicht etwa wie in meiner literarischen Bearbeitung »Die Abschiedsvorstellung«, sondern »Der Fall der Fälle« genannt. Unweigerlich kam mir wieder der große Krieg in den Sinn, der endlich hinter uns lag, wie auch die erschütternden Nachwirkungen, die Europa bis zum heutigen Tag beeinträchtigten. Vieles war nicht mehr so wie zuvor, die schrecklichen Kriegswirren hatte die Menschen bis ins Mark getroffen. Man konnte mit Fug und Recht behaupten, dass die gute alte Zeit vorüber war.

Schließlich fand ich die Kraft, mich zu überwinden, passierte den kleinen Vorgarten und klopfte. Das Herz schlug mir bis zum Hals. Eine Weile geschah nichts, dann öffnete sich knarrend die schwergängige Eingangstür – vor mir stand Sherlock Holmes in eine Rauchwolke gehüllt, seine Meerschaumpfeife schmauchend. Mein ehemaliger Gefährte hatte, wie schon zu früheren Zeiten, den mausgrauen Morgenmantel angelegt. Passend dazu trug er einen dunkelgrauen Seidenschal und zog wiederholt an seiner Pfeife. Ein flüchtiges Lächeln huschte über sein Gesicht. Dann bemerkte er beiläufig, als wäre ich gerade erst am gestrigen Tag bei ihm zu Besuch gewesen:

»Ah, da sind Sie ja endlich, Watson. Kommen Sie rein, die Zeit drängt und wir haben einiges zu besprechen.«

Damit stieß er die Tür auf und ging zurück in den Flur.

»Sie können hier an der Garderobe ablegen. Am Ende des Gangs befindet sich das Wohnzimmer. Dort erwarte ich Sie.«

Nach den vielen gemeinsamen Jahren war ich an seine Verschrobenheit gewöhnt; eine Umarmung hatte ich nicht erwartet, aber doch wenigstens einen Händedruck. Ich hörte Holmes noch sagen, dass die Situation ausgesprochen ernst sei und keinen Aufschub dulde. Einigermaßen verwirrt legte ich also Mantel, Hut und Handschuhe an der Garderobe ab, stellte meinen Koffer daneben und folgte ihm.

Beim Betreten des Zimmers war meine Verwunderung schier grenzenlos, denn es glich unserem ehemaligen Wohnraum in der Baker Street in einer Weise, die ich nicht für möglich gehalten hätte. Aber anstatt mitten in das pulsierende Herz der Millionenstadt London zu schauen, war bei dem Blick nach draußen lediglich ein gepflegter Garten zu bestaunen. Holmes bot mir einen Platz am Kamin an und begann ein Gespräch.

»Ich hätte nie angenommen, dass Gartenarbeit so entspannend sein kann. Einen Brandy, Watson?«

Ich nahm dankend an. Endlich fand ich Gelegenheit, meinen Freund ein wenig genauer in Augenschein zu nehmen.

Mit Ausnahme der üblichen Alterungserscheinungen wie dünner werdendem Haar, faltiger Haut und leicht gebückter Haltung, die mir bereits im Flur aufgefallen war, schien es ihm gut zu gehen. Natürlich war mein Urteil ein wenig getrübt, denn es liegt nun einmal in der Natur des Menschen, Gebrechen bei einer lieb gewonnenen Person nicht wahrhaben zu wollen. Er unterbrach meinen Gedanken in seiner gewohnt ruppigen Art.

»Watson, mit mir ist gesundheitlich alles in Ordnung, obwohl ich, entgegen meiner früheren Gewohnheit, nichts gegen eine gründliche Untersuchung Ihrerseits einzuwenden hätte.«

Mir war mein Erstaunen sicherlich anzusehen, aber Holmes schwieg dazu.

»Eine ausgezeichnete Idee. Sagen Sie mir, wann es Ihnen recht ist. Die notwendigen medizinischen Instrumente habe ich ohnehin mitgebracht.«

»Sie hatten allem Anschein nach Sorge, mich auf dem Sterbebett anzutreffen. Das, muss ich zugeben, habe ich nicht bedacht.«

Er legte Holz nach, dann stießen wir an.

»Sie scheinen verwundert, dass ich die Einrichtung und deren Anordnung aus der Baker Street fast vollständig in die Downs überführt habe.«

»Nur keine Experimente«, spottete ich.

»Ganz gewiss nicht in Sachen Einrichtung, mein Lieber. Das Leben ist Versuchsanordnung genug.«

Er trank einen Schluck und umschloss das Glas mit seinen Händen.

»Wie geht es Ihnen?«, versuchte er von sich abzulenken.

Statt meine Antwort abzuwarten, sprach er einfach weiter.

»Abgesehen davon, dass Sie erschöpft sind von der Reise, scheint es Ihnen, mit Ausnahme des kriegsverletzten Beins, das Ihnen bei kaltfeuchtem Wetter mehr noch als zu unserer gemeinsamen Zeit das Gehen erschwert, sowie der augenfälligen Tatsache, dass Sie zuweilen schlecht Luft bekommen und unter Hitzeattacken leiden, gesundheitlich recht passabel zu gehen.«

»Was Sie nicht sagen, Holmes. Hypertonie oder Bluthochdruck ist die Erklärung für meine leichten Atemprobleme und die Hitzeattacken. Nicht zu vergessen, die Schmerzen in der Schulter.«

Als würde mich seine Bemerkung reizen, überkam mich mit einem Mal Lust zu rauchen.

»Haben Sie vielleicht ein Zigarillo für mich? Eine Zigarette erscheint mir angesichts unseres Wiedersehens ein wenig zu profan.«

Er stand auf, griff eine Holzkiste vom Kaminsims und hielt mir eine Zigarre hin; der Binde nach zu urteilen, handelte es sich um ein vorzügliches Exemplar.

»Zigarillos sind gerade keine im Haus. Wären Sie auch mit einer Zigarre einverstanden? Ein Geschenk des kommenden kubanischen Präsidenten Alfredo Zayas, dem ich bei einem nicht unerheblichen Problem mit seinem mächtigen Nachbarn habe helfen können. Seitdem lässt er mir regelmäßig eine Kiste zukommen. Also, wenn feierlich, dann doch in angemessener Weise, würde ich vorschlagen.«

»Da stimme ich Ihnen voll und ganz zu.«

Holmes wirkte gelassener und warmherziger als früher. Er schien ganz die innere Verfassung eines gereiften Menschen zu haben. Wir stießen erneut an.

»Schön, dass Sie gekommen sind. Auf die alten Zeiten.«

»Auf die alten Zeiten.«

Trotz seiner guten Laune wurde ich den Eindruck nicht los, dass ihm etwas auf der Seele lag. In dem Telegramm hatte er bereits angedeutet, dass die Zeit drängte, auch wenn er nach wie vor nicht darauf einging. Also übernahm ich die Initiative.

»Warum haben Sie mich gebeten, zu Ihnen zu kommen?«

Holmes, der eben noch entspannt und ruhig gewirkt hatte, schien plötzlich etwas nervös. Er schenkte uns noch einmal Brandy nach, kümmerte sich um das Feuer und setzte sich wieder.

»Was sollte der Hinweis auf den ›Fall der Fälle‹ in Ihrem Telegramm?«, hakte ich nach.

»Geben Sie mir noch ein paar Minuten.«

»Ganz wie Sie meinen.«

Ich schloss die Augen und lauschte dem Prasseln des Kaminfeuers. Holmes war dem Geräusch nach aufgestanden und ging im Zimmer umher. Dass es dem Wohnraum aus unseren gemeinsamen Tagen in der Baker Street glich, konnte ich noch immer nicht recht fassen. Offenkundig war es ihm nicht leichtgefallen, die Jahre als beratender Detektiv hinter sich zu lassen. Er musste im Verborgenen weitergearbeitet haben. Das konnte ich mir zwar kaum vorstellen, doch das Telegramm, wie auch die Einrichtung des Wohnzimmers, legten dies nahe. Hatte er den Experimentiertisch mitgenommen?, überlegte ich und schlug die Augen auf. Ich sah mich um und entdeckte ihn schließlich.

»Warum sollte er fehlen?«, meldete sich Holmes zu Wort.

Ich wollte endlich Antworten.

»Wie darf ich das alles verstehen? Das nebulöse Telegramm, ihre kryptischen Andeutungen zum ›Fall der Fälle‹ und die fast unheimlich anmutende Ähnlichkeit des Wohnraums mit dem in der Baker Street. Sind Sie auf Ihre alten Tage etwa zum Nostalgiker geworden?«

Letzteres bemerkte ich in der Hoffnung, dass er dies weit von sich weisen und endlich über den wahren Grund unserer Zusammenkunft sprechen würde. Ein langes Schweigen folgte, dann rang er sich zu einer überraschenden Antwort durch.

»Na ja, vielleicht schon.«

Sein schwaches Lächeln schien die Aussage zu untermauern. Ich geriet in Rage.

»Haben Sie mich ohne handfeste Notwendigkeit hergebeten? Das kann nicht Ihr Ernst sein. Ich habe mir die größten Sorgen um Sie gemacht.«

»Sie klingen verärgert, Watson.«

Holmes' Tonfall empfand ich als herablassend. Mein Unmut wuchs.

»Wie würden Sie sich fühlen? Gleichwohl es lange her ist, reagiere ich angesichts der Ereignisse am Reichenbachfall zugegebenermaßen auch heute noch etwas empfindlich bei dem Thema Aufrichtigkeit. Sie kennen meine Ansicht, es wäre Ihre verdammte Pflicht gewesen, mich einzuweihen. Das denke ich bis zum heutigen Tag. Gerade deshalb sollten Sie nicht so gedankenlos handeln. Ihre telegrafische Hiobsbotschaft hat mich das Schlimmste befürchten lassen. Ich reise hierher und Sie offenbaren mir, dass der Grund für dieses Theater Nostalgie ist? Das finde ich, gelinde gesagt, ungeheuerlich. Wenn ich nicht so angestrengt und müde wäre, würde ich auf der Stelle abreisen. Vermutlich weiß Mycroft auch dieses Mal wieder Bescheid.«

Ich konnte es zwar nicht zugeben, aber ebendiese Tatsache hatte mich damals am stärksten gekränkt.

»Nein, Bruder Mycroft weiß nichts von alledem. Und seien Sie versichert, ich habe am Reichenbachfall nur zu Ihrem Besten gehandelt.«

»Das hätte ich doch lieber selbst entschieden, Holmes. So viel Vertrauen muss man einfach erwarten können. Aber trotz allem habe ich unsere Beziehung nie darunter leiden lassen.«

Mich überraschte meine harsche Reaktion.

»Mir ist heute bewusst, dass ich Ihr Befinden falsch eingeschätzt habe.«

Das knisternde Kaminfeuer war eine wahre Wohltat. Warum sagte Holmes mir nicht geradeheraus, was ihn beschäftigte? War er wirklich nur nostalgisch? Je länger ich darüber nachdachte, desto mehr schien es mir ein Vorwand zu sein, wenngleich nicht gänzlich aus der Luft gegriffen. Nachdem das Feuer heruntergebrannt war, kam ich ihm zuvor und legte Brennholz nach. Endlich schien er sich erklären zu wollen.

»Watson, ich muss Sie bitten, keine voreiligen Schlüsse zu ziehen. Die Zusammenhänge sind komplexer, als es auf den ersten Blick erscheinen mag. Die ganze Angelegenheit ist ausgesprochen heikel, und ich weiß nicht recht, wie und wo ich beginnen soll.«

»Vielleicht klären Sie mich einfach auf«, konnte ich mir einen gewissen Sarkasmus nicht verkneifen.

Holmes zögerte kurz.

»Ich musste sicherstellen, dass Sie London auf jeden Fall verlassen und zu mir in die Downs kommen.«

Er hielt erneut inne, sprach dann aber zügig weiter.

»Was halten Sie davon, wenn wir einen Spaziergang unternehmen? Unterdessen bringe ich Sie auf den aktuellen Stand.«

Ich glaube sagen zu können, weder nachtragend noch eitel zu sein, sonst hätte ich es wohl kaum die ganzen Jahre mit einem derart selbstbezogenen Menschen wie Sherlock Holmes ausgehalten. Zu früheren Zeiten war es häufig so gewesen, dass man sich im ersten Moment verärgert von ihm abwenden wollte, aber angesichts dessen, was dann für gewöhnlich ans Licht kam, verzieh man ihm seine Eskapaden ohne viel Aufhebens.

»Also gut, lassen Sie uns spazieren gehen. Überzeugen Sie mich.«

THE FISHERMAN'S DREAM

Feuchtkalter Wind empfing uns, als wir vor das Cottage traten. In stillem Einvernehmen liefen wir, wenn mich mein Orientierungssinn nicht täuschte, die Landstraße entlang in Richtung Meer. Wie Holmes richtig erkannt hatte, machte sich mit zunehmendem Alter an kühlen Tagen wie diesen die Kugel in meinem Bein stärker bemerkbar. Aber auch an der Konstitution meines Freundes nagte die Zeit. Früher wäre er voller Elan vorausgeeilt, und ich hätte kaum folgen können. Jetzt fiel mir schon nach wenigen Yards auf, dass es vielmehr ihm Schwierigkeiten bereitete, mit mir Schritt zu halten. Also verlangsamte ich unauffällig das Tempo, bis wir einträchtig nebeneinanderher gingen. Mein Ärger über sein Verhalten kam mir jetzt ziemlich lächerlich vor. Ich spürte diese wunderbar distanzierte Vertrautheit zwischen uns. Obgleich wir gealtert und sicherlich davon gezeichnet waren, hatte sich unser Verhältnis in all den Jahren nicht verändert. Dieser unkonventionelle, in Momenten unnahbare und schwierige Einzelgänger würde auf ewig einen Platz in meinem Herzen haben.

Nach etwa zwanzig Minuten näherten wir uns dem Dorf Heads Hill, das nicht weit von East Dean entfernt lag. Holmes hatte sich noch immer nicht geäußert und steuerte auf einen Pub namens The Fisherman's Dream zu.

»Was halten Sie von einem Ale und einer zünftigen englischen Mahlzeit zur Stärkung, mein lieber Watson?«

»Ich könnte in der Tat etwas Herzhaftes vertragen.«

Wir betraten den Gastraum. Die Anwesenden begrüßten Holmes freundlich, aber mit einer gewissen Zurückhaltung. Er war offensichtlich bestens bekannt hier. Mein Begleiter wies mir den Weg zu einem Tisch links in der Ecke neben dem Tresen. Mir fiel gleich ein kleiner Holzklotz in Form von Pfeife und Lupe auf, an dessen Fuß ein Messingschild mit der Inschrift *Reserviert* prangte.

»Sie sind öfter hier«, stellte ich lächelnd fest.

»Sehr richtig beobachtet.«

Der Wirt kam zu uns an den Tisch und stellte sich mir vor.

»Ich bin Maxwell Packer, genannt Fisherman. Sie müssen Dr. Watson sein.«

»Der bin ich.«

»Ist mir eine Ehre, Sie kennenzulernen, Sir.«

»Ganz meinerseits, Mister Packer.«

»Ich geh' mal davon aus, die Herren wollen ein frisches Ale und 'was zu essen.«

Holmes schaltete sich ins Gespräch ein.

»So ist es, Packer. Legen Sie sich ins Zeug, ich möchte keine Klagen von meinem Freund hier zu hören bekommen.«

»Es wär' das erste Mal, dass sich jemand über's Essen beim Fisherman beschwert.«

Er wischte mit seinem Tuch über den sauberen Tisch, als wolle er so jeden Zweifel an seiner Ankündigung bereinigen, und ging zurück zum Tresen.

»Seine Frau ist eine ausgezeichnete Köchin, Watson. Außerdem schaut sie einmal die Woche im Cottage vorbei und kümmert sich um den Haushalt.«

Packer brachte uns das Ale, und wir stießen an.

»Gut, dass Sie hier sind, mein Lieber.«

Holmes schien in den Downs seinen Frieden gefunden zu haben, obwohl man sich bei ihm nie ganz sicher sein konnte. Der Fisherman's Pie, die Spezialität des Hauses, wurde serviert. Holmes hatte nicht zu viel versprochen, der traditionelle Auflauf mit Kabeljau und Garnelen in einer weißen Sauce, schmeckte vorzüglich. Anschließend rauchten wir, er seine Pfeife, und ich den Rest der Zigarre von heute Mittag. Packer kam zu uns und stellte den bevorzugten Digestif meines Gefährten, einen Chartreuse, mit zwei Gläsern auf den Tisch. Noch immer wartete ich darauf, dass Holmes mir den wahren Grund seines Telegramms offenbarte. Ging es tatsächlich um den »Fall der Fälle«, oder war dessen Erwähnung nur der Köder gewesen, um mich in die Downs zu locken? Ich genoss zwar den Augenblick, doch meine Ungeduld wuchs. Mit einem Mal unterbrach Holmes seinen Vortrag über den ersten Satz von Bruckners Neunten, den er als eine der Sternstunden der europäischen Musik bezeichnete, und wandte sich mir zu.

»Sie warten auf eine Erklärung.«

»Glauben Sie wirklich, eine reicht aus?«

Er legte die Pfeife zur Seite und sah mich an. Sein Blick war konzentriert und durchdringend, ganz so, wie ich es aus unseren gemeinsamen Tagen in der Baker Street kannte. Er lehnte sich fast unmerklich zu mir vor und bemerkte leise:

»Es gibt einen Umstand, der mir große Sorgen bereitet.«

»Worum geht es denn? Steht die Angelegenheit in Verbindung mit dem ›Fall der Fälle‹?«

Er wartete kurz ab und setzte erneut zum Sprechen an.

»Vor vier Tagen erhielt ich ein Päckchen ohne Absender. Es erregte meinen Argwohn, denn nur wenige Personen kennen meine Adresse hier in den Downs. Jemand hatte sich nicht nur die Mühe gemacht, sie herauszufinden, was kein einfaches Unterfangen ist, er schickte mir außerdem diese Postsendung, ohne sich zu erkennen zu geben. Natürlich musste ich gleich an Culverton Smith denken.«

Ich erinnerte mich an den heimtückischen Plan des ehemaligen Plantagenbesitzers. Smith hatte Holmes anonym ein Päckchen mit einer kostbaren elfenbeinernen Schatulle zugesandt, in der sich eine scharfe, mit einem höchst seltenen asiatischen Fieber infizierte Springfeder befand. Aber der brillanteste der Detektive durchschaute den Plan, fingierte seine Erkrankung und überführte Smith bei der direkten Konfrontation in unserem Wohnraum. Mit mir als heimlichen Zeugen.

»Das war die großartigste schauspielerische Leistung Ihrer Karriere, Holmes. Wenn ich daran denke, wie Sie delirierend über Austern phantasierten. Unerreicht!«

»Übertreiben Sie mal nicht, mein Lieber. Zurück zu unserem aktuellen Problem. Ich habe das Päckchen mit größter Vorsicht einer genauen Kontrolle unterzogen und lediglich ein Fläschchen darin gefunden. Es hat mich einige Zeit und Mühe gekostet, den Inhalt zu bestimmen. Ich war zugegebenermaßen überrascht.«

»Spannen Sie mich nicht auf die Folter. Worum handelt es sich denn?«

BRISANTER INHALT

»Vitriolöl oder Schwefelsäure«, war seine kurze, unmissverständliche Antwort.

Ich sah ihn erstaunt an. Vitriolöl? Im Laufe unserer gemeinsamen Zeit war mir diese teuflische Substanz nur im Fall des »Illustren Klienten« begegnet.

»Denken Sie etwa, dass Baron Gruner der Absender dieses Päckchens ist?«, platzte ich heraus.

Der österreichische Adelige galt seinerzeit als der gefährlichste Mann Europas. Neben der nicht nachzuweisenden Ermordung seiner Ehefrau am Splügenpass und dem Tod eines vermeintlichen Zeugen der Tat, ging auch die Attacke auf den französischen Agenten Le Brun, der Gruners verbrecherischen Machenschaften nachspürte, auf sein Konto. Le Brun wurde im Stadtteil Montmartre von den Schergen des Barons zum Krüppel geschlagen. Dazu kam eine Unmenge anderer Taten. Auch Holmes sah sich einem ähnlichen Anschlag wie Le Brun ausgesetzt, aber seine Fähigkeiten im Stockfechten bewahrten ihn vor dem Schlimmsten.

Bei dem Aufeinandertreffen mit Sherlock Holmes waren das Gesicht und die rechte Hand des Barons durch die Vitriol-Attacke seiner ehemaligen Mätresse Kitty Winter stark in Mitleidenschaft gezogen worden. Der Detektiv war mit ihr in Gruners Haus eingedrungen, um gemeinsam dessen geheimes Tagebuch in seinem Arbeitszimmer zu suchen. Als mein Kamerad entdeckt wurde und sich mit einem Sprung vom Balkon in den Garten rettete, wollte ihm der Österreicher nachsetzen. Doch dazu kam es nicht, denn Kitty Winter spritzte ihm Vitriol ins Gesicht. Eine grauenvolle Tat. Sann der Baron nach knapp zwanzig Jahren auf Rache? Holmes unterbrach meine Gedanken.

»Ich vermute, dieses spezielle Präsent muss man als Warnung verstehen, von wem auch immer es stammt. Das ist im Übrigen auch der Grund, warum Sie hier sind, Watson, denn wir beide waren maßgeblich daran beteiligt, dass es in jener Nacht zu der Attacke gegen Gruner hatte kommen können. Sie haben den Baron erlebt, er ist ein eiskalter, skrupelloser Mörder und ein Meisterhirn dazu – eine äußerst gefährliche Kombination. Solange wir nichts Gegenteiliges herausfinden, sollten wir davon ausgehen, dass er der Absender des Fläschchens ist.«

»Wissen Sie, ob er überhaupt noch lebt?«

»Später, Watson.«

Sein Ausweichen hatte ich schon zu früheren Zeiten als unerträglich empfunden, daran würde sich nie etwas ändern. Mein langjähriger Vertrauter schien desinteressiert durch den Gastraum zu schauen, doch war mir sofort klar, dass er jedes Detail genau registrierte. Dabei führte er weiter aus:

»Ich habe natürlich auch Shinwell Porky Johnson benachrichtigt und ihn gewarnt. Außerdem habe ich ihn beauftragt, Kitty Winter in Sicherheit zu bringen.«

Holmes trank einen Schluck und sah mich ernst an.

»Wenn es nicht schon zu spät ist, denn zweifellos wurde der Versand des Päckchens von langer Hand geplant. Leider hat Porky noch nichts von sich hören lassen.«

Aus seinem Gesicht war unschwer abzulesen, dass er sich sorgte.

»Warum sollte der Baron erst jetzt, nahezu zwei Jahrzehnte nach der Konfrontation mit Ihnen aktiv werden?«, fragte ich ihn.

»Darauf habe ich momentan keine Antwort. Hat er sich bei mir gemeldet? Nein. Wir wissen lediglich, dass eine unbekannte Person ein Fläschchen mit Vitriol, genauer gesagt Vitriolöl, an meine Adresse in die Downs geschickt hat. Nicht mehr und nicht weniger. Und gerade das, mein lieber Watson, macht die Angelegenheit so gefährlich.«

»Wie hoch ist das Vitriol denn konzentriert?«, wollte ich wissen.

»Eine ausgezeichnete Frage. Die Konzentration liegt bei 50%, also deutlich niedriger als bei dem 78%igen Vitriolöl, das erstmals von Glauber um 1650 in Nordhausen im Harz hergestellt wurde.«

»Holmes, sind Sie davon überzeugt, dass der Baron hinter dem Päckchen steckt?«

»Es spricht einiges dafür, aber wir haben eben keine Gewissheit.«

»Als ich Gruners Gesicht behandelte, war ein Auge weiß und glasig, das andere rot und entzündet. Ich ging eigentlich davon aus, dass er sein Augenlicht weitestgehend verlieren würde.«

»Das dachte ich auch, aber möglicherweise ist dem nicht so. Die Konzentration des Vitriols war ja unmittelbar nach dem Angriff bei Ihrem damaligen Hilfseinsatz nicht zu ersehen. Der Umstand, dass ich eine 50%ige Lösung erhalten habe, könnte ein Hinweis auf die damals verwendete Stärke sein. Womöglich ist er also nicht so gehandicapt, wie ich angenommen hatte.«

»Und das wiederum erhöht die Wahrscheinlichkeit, dass er der Drahtzieher hinter dem Päckchen ist.«

»Wenn der Baron dahintersteckt, muss man davon ausgehen, dass er, wie schon zu früheren Zeiten, Helfer hat. Er wird seine schlechten Angewohnheiten kaum abgelegt haben.«

»Wir sollten herausfinden, wie hoch die Konzentration des Vitriolöls bei dem Anschlag auf Gruner war«, schlug ich vor.

»Ganz recht, Watson. Ich werde es in die Wege leiten.«

»Was haben Sie sonst noch vor?«

»Nehmen wir also bis zum Beweis des Gegenteils an, dass wir es mit Baron Gruner zu tun haben. Ich halte diese stille Drohung für weit gefährlicher als einen Frontalangriff. Unser Hauptproblem sehe ich darin, dass wir gezwungen sind, nach seinen Regeln zu spielen. Er hat die Partie eröffnet, er handelt und uns bleibt nichts anderes übrig, als zu reagieren. Ich gehe davon aus, dass er über jeden von uns bestens informiert ist, also, wo sich die jeweilige Person gerade aufhält und wie die Lebensumstände sind. Deshalb habe ich eine erste Maßnahme getroffen.«

Holmes sah auf seine Uhr.

»Sie werden in Kürze wissen, was ich meine. Aber das dürfte Gruner oder wer immer die Person im Hintergrund ist, kaum überraschen oder beeindrucken.«

Ich fühlte mich erstmals nach meiner Ankunft unwohl in meiner Haut. Wir waren nicht mehr die Jüngsten, und so sehr ich Holmes auch schätzte, konnte ich mir nicht vorstellen, dass er sich noch auf der Höhe seines detektivischen Schaffens befand. Wir wären demnach kaum in der Lage, uns gegen eine Attacke, welcher Art auch immer, zu verteidigen. Was mir vor allem Sorgen machte, war die Tatsache, dass Kitty Winter und Shinwell Johnson in akuter Gefahr zu schweben schienen. Holmes ergriff erneut das Wort.

»Die Situation ist auch deshalb kritisch, weil wir weder wissen, was unser Gegenspieler vorhat, noch, wo er sich derzeit aufhält. Die größte Sorge bereitet mir jedoch, dass man uns durch das Päckchen vorab informierte, denn das lässt nur einen Schluss zu ...«

»Die Person ist sich ihrer Sache absolut sicher«, fiel ich ihm ins Wort.

»Exakt, Watson.«

Holmes' Überlegung bestätigte, was sich bereits angedeutet hatte, jemand saß wie eine Spinne im Netz und orchestrierte die Züge gegen uns. Ich musste unweigerlich an Professor Moriarty denken, was mich erschaudern ließ. Er lockt uns aus der Reserve, sagte ich mir, und alles, was er dazu tun musste, war Holmes ein absenderloses Paket mit diesem Fläschchen Vitriol zu schicken. Eine geniale Spieleröffnung. Der Umstand, dass jemand knapp zwanzig Jahre auf seine Vendetta wartete und uns dann den Fehdehandschuh in dieser Weise hinwarf, erschien mir genial, war aber in hohem Maße irritierend.

»Denken Sie, dass der Baron Vitriol gegen uns einsetzen wird, Holmes? Oder diente die Substanz nur dazu, sich Ihnen gegenüber als der mögliche Absender des Päckchens zu erkennen zu geben?«

»Sie müssen eines bedenken: Vitriol hat Gruners Leben zerstört, ihm alles genommen. Er war ein Mann, den die Frauen umschwärmten, ein perfekter Gentleman, der sich auf jeder Bühne bewegen konnte und dessen Gesicht jetzt dem eines monströsen Scheusals gleicht. Man könnte natürlich auch sagen, sein wahres Ich ist zum Vorschein gekommen, als habe das Vitriol das Bildnis des Dorian Gray, alias Baron Adelbert Gruner, für alle sichtbar werden lassen. Ob er nach Rache trachtet? Sie haben die viel entscheidendere Frage bereits gestellt, Watson.«

»Warum nach all den Jahren?«

»Genau. Was ist der Grund dafür, gerade jetzt nach Vergeltung zu sinnen? Hierauf brauchen wir eine schlüssige Antwort, und ich vermute, sie wird abgründiger sein, als wir uns das bislang vorstellen können. Wenn Gruner allerdings …«, seine Augen weiteten sich, doch er schwieg.

Holmes war nicht dazu zu bewegen, ein weiteres Wort zu sagen. Alles, was ich aus ihm herausbekam, war ein unwirsches Brummen. Mein Begleiter begann, sich eine Pfeife zu stopfen – ein deutliches Zeichen, dass er unser Gespräch als beendet erachtete. Mit einer kurzen Handbewegung gab er dem Wirt zu verstehen, dass er zwei weitere Pint Ale an unseren Tisch wünschte. Ich zündete mir eine Zigarette an und leerte mein Glas.

Der Meisterdetektiv schien einzig mit der Frage beschäftigt, weshalb der Baron erst jetzt zur Tat schritt. Wie konnte man sich gegen einen Feind wappnen, der aus dem Verborgenen operierte und vermutlich gewillt war, jedes Mittel einzusetzen, um sein Ziel zu erreichen? Das Päckchen sollte uns in Aufruhr versetzen, das hatte perfekt funktioniert. Wahrscheinlich standen auch wir unter Beobachtung.

»Davon ist auszugehen, Watson«, unterbrach er mich.

Ich würde mir nicht die Blöße geben zu fragen, wie er meinen Überlegungen gefolgt war. Es als gegeben hinzunehmen, erschien mir, im Gegensatz zu früher, die beste Reaktion zu sein. Sollte er doch zuweilen meine Gedanken lesen, ich entschied, es als Teil unserer Kommunikation zu akzeptieren.

»Indem ich Porky informierte, tat ich natürlich genau das, was man von mir erwartete. Gruner kennt vermutlich unsere nächsten Schritte«, führte Holmes weiter aus.

Er drehte sich ab und blickte kurz zum Fenster hinüber, wo ein ältlicher Mann am Tisch über einen Teller Bohneneintopf gebeugt saß. Hin und wieder hob dieser den Kopf und blickte ohne großes Interesse durch das Lokal.

»Und darin liegt die Gefahr.«

Ich entschied, meine düsteren Grübeleien zu verdrängen und freute mich trotz der Unwägbarkeiten des Umstandes, den langjährigen Freund nach all den Jahren noch einmal wiederzusehen. Wenn ich an unseren Besuch im Fisherman's Dream zurückdenke, kann ich noch immer nicht fassen, wie die wachsende Zahl der scheinbar losen Fäden des Falls sich mehr und mehr als dichtes, kaum zu durchdringendes Netz herausstellten. Diesem entkommen zu sein, erscheint mir auch jetzt noch als eine wundersame Fügung.

Mir fiel auf, dass der Detektiv hin und wieder zum Fenster schaute. Der ältliche Mann hatte seine Mahlzeit beendet und unterhielt sich mit seinem Nachbarn am Nebentisch. Zu gerne hätte ich Holmes gefragt, ob ihm etwas aufgefallen war und was in ihm vorging. Ich hätte wohl kaum eine Antwort erhalten. Also trank ich mit Genuss mein Ale und beließ es beim Schweigen.

EINE ALTE BEKANNTSCHAFT

Eine ganze Weile geschah nichts, dann schwang die Tür auf und ein agiler, intelligent aussehender Mann betrat den Gastraum. Er sah sich um, sein wacher Blick schien die gesamten Aktivitäten um ihn herum sogleich zu erfassen. Am Tresen holte er sich ein Ale, trank einen Schluck und schien auf unseren Tisch aufmerksam zu werden, denn er kam ohne Umschweife zu uns.

»Sind Sie etwa Sherlock Holmes, Sir?«, seine klare Stimme war im ganzen Raum zu vernehmen.

Der Detektiv nickte, ohne zu antworten, doch schien er sich merklich gestört zu fühlen durch den Unbekannten, der ihn prompt erneut ansprach.

»Das ist ja eine Überraschung. Darf ich mich kurz zu Ihnen setzen, Sir? Einen so berühmten Mann trifft man nicht alle Tage.«

»Wenn es unbedingt sein muss«, brummte dieser und wies unserem Besucher einen Platz zu.

Die anfängliche Aufmerksamkeit der anderen Personen im Pub hielt nicht lange an.

»Ihr mangelndes Beobachtungsvermögen ist wirklich erschreckend, Watson. Sehen Sie sich den Mann doch einmal genau an. Na? Wissen Sie jetzt, wer hier mit Ihnen am Tisch sitzt?«

Als ich mein Gegenüber erneut betrachtete, fiel mir eine breite Narbe über seiner linken Braue auf, die mir irgendwie bekannt vorkam. Plötzlich fiel es mir wie Schuppen von den Augen.

»Wiggins? Bist du das etwa?«, stellte ich mit gedämpfter Stimme fest.

Er grinste mich an.

»Ja, ist das denn die Möglichkeit. Was für eine Freude!«

»Ganz meinerseits, Doktor. Schön, dass Sie wohlbehalten hier angekommen sind.«

Ich war einigermaßen überrascht.

»Du weißt Bescheid? Soll das etwa heißen …«, ich deutete abwechselnd auf Holmes und den ehemaligen Anführer der Baker Street Irregulars.

Mein langjähriger Weggefährte ergriff das Wort.

»Ihr könnt euch später austauschen. Hast du meine Anweisungen befolgt?«, fragte er Wiggins, der für ihn in früheren Zeiten mehr als einmal im Labyrinth der Londoner Unterwelt unterwegs gewesen war.

»Bis aufs i-Tüpfelchen.«

»Und?«

»Ihre Vermutungen haben sich leider bestätigt. Ich habe Porky Johnson zwar gefunden, aber er konnte mir nicht sagen, wo Kitty Winter steckt. Sie schaut normalerweise wenigstens einmal die Woche auf einen Drink bei ihm vorbei.«

»Dann müssen wir mit allem rechnen«, sagte mein Freund in ruhigem Ton und schaute zum Fenster.

Mit einem Mal glaubte ich eine Eingebung zu haben. War dieser ältliche Mann etwa ein Späher von Gruner? Ich versuchte, ihn unauffällig ins Visier zu nehmen. Er saß da und blickte teilnahmslos im Raum umher, nippte gelegentlich am

Ale und zog in regelmäßigen Abständen an der Pfeife. Holmes sah mich freundlich lächelnd an und gab mir zu verstehen, dass mein gut gemeinter Versuch, den Mann zu beobachten, an Offensichtlichkeit nicht zu überbieten sei.

»Es wäre mehr als willkommen, wenn Sie Ihr ungelenkes Unterfangen beenden würden.«

Erst wollte ich mich wegen des abfälligen Tons ereifern, aber die Anspannung in seiner Stimme ließ mich davon absehen. Unsere Situation schien offenkundig sehr viel ernster, als ich zuerst angenommen hatte.

RÜCKZUG

»Wir sollten aufbrechen. Wiggins, hast du den Wagen hier?«

»Der steht in der nächsten Seitenstraße.«

»Gut, dann fahren wir zum Cottage und beraten uns dort. Du gehst voraus, wir folgen in ein paar Minuten.«

Wiggins stand auf, bedankte sich so lautstark bei Holmes für das interessante Gespräch, dass man es in der ganzen Wirtsstube mitbekam, und verließ uns. Wir plauderten noch ein paar Minuten und leerten schließlich unsere Gläser. Holmes zahlte bei Packer am Tresen, und wir verließen den Fisherman's Dream. Mein Gefährte bestand darauf, dass ich den Pub vor ihm verlassen sollte, er würde gleich folgen. Ich konnte mich des Eindrucks nicht erwehren, dass er unter allen Umständen die Nachhut unseres Rückzugs bilden wollte. Seine Anweisung beherzigend, trat ich ins Freie, spazierte bis zur nächsten Seitenstraße und bog hinein. Ich darf mit Fug und Recht behaupten, dass mir die Jahre bei den Northumberland Füsilieren ein dickes Fell verschafft haben, und ich mich nur selten ängstige. Doch obwohl der vermeintliche Feind nicht auszumachen war, kam mir die Lage bedrohlich vor. Am Ende der Straße stand ein grauer Ford, Wiggins saß am Steuer und wartete. Ich stieg hinten ein; gleich darauf erreichte uns Holmes, der neben mir auf der Rückbank Platz nahm. Er lotste uns auf einen gut zu befahrenden Feldweg, von dem aus wir nach etwa einer halben Meile zurück auf die Hauptstraße kamen.

»Was macht Wiggins hier, Holmes? Arbeitet er etwa für Sie?«, fragte ich ihn leise.

»Sie werden es kaum glauben, aber er ist in meine Fußstapfen getreten und als Detektiv in London tätig. Er hat seine, sich schon während unserer gemeinsamen Zeit in der Baker Street andeutenden Talente sehr passabel weiterentwickelt. Ich berate mich ab und an mit dem talentiertesten Detektiv des Empires. Es wäre für die Kollegen von Scotland Yard sicherlich ein Schock, wenn sie wüssten, dass mir ein Irregular nachgefolgt ist. Übrigens ist nur Lestrade, der sich ja schon seit geraumer Zeit im Ruhestand befindet, die enge Bande zwischen Wiggins und mir bekannt. Der Inspektor ist unserem Freund durchaus wohlgesinnt und hat ihm gelegentlich sogar ein paar vertrauliche Informationen zukommen lassen. Sehr anständig von ihm, wie ich finde.«

Holmes klopfte Wiggins auf die Schulter.

»Ich habe mir erlaubt vorzugreifen und Watson ein paar Einzelheiten über dich erzählt.«

»Nur zu, Mister Holmes.«

Das Verhältnis der beiden schien mir ausgezeichnet zu sein. Wiggins hatte den nötigen Respekt vor seinem Fürsprecher, und man spürte, dass Sherlock Holmes den ehemaligen Irregular, der in dessen übergroße Fußstapfen getreten war, ausgesprochen schätzte. Ein besonderes Kompliment, denn für gewöhnlich genügte kaum jemand seinen Ansprüchen als Ermittler.

Wenig später erreichten wir das Cottage. Ein Seitenweg führte zu einem Abstellplatz für den Wagen. Wir stiegen aus, und Holmes bedeutete uns, ihm zu folgen. Er machte vor einer dicht mit Efeu bewachsenen kleinen Hütte Halt, schob die Blätter auseinander und öffnete eine Holztür. Linker Hand hing an einem Haken eine alte Öllampe, die er herunternahm und entzündete. Ich sah mich um. Wir standen in einem fensterlosen Raum mit einem Tisch und drei Stühlen in der Mitte. An der dem Eingang gegenüberliegenden Wand hing eine Vielzahl von Zetteln, Zeitungsausschnitten und Fotos. Wiggins machte ein paar Schritte darauf zu und war sichtlich überrascht.

»Gehören die nicht zu Ihrem letzten großen Fall?«

»Ja, die Ereignisse rund um den deutschen Agenten Von Bork. Ich habe meine Unterlagen durchforstet und alles herausgesucht, was ich finden konnte. Der gute Doktor und ich bezeichneten ihn immer als ›Der Fall der Fälle‹. In welcher Weise er mit den aktuellen Ereignissen in Verbindung stehen dürfte, werde ich zu gegebener Zeit darlegen. Watson, Sie erinnern sich bestimmt daran, dass ich Sie gebeten hatte, nur Teile der Geschehnisse zu schildern. Somit wussten die Deutschen nicht, zu welchen vertraulichen Unterlagen der britische Geheimdienst tatsächlich Zugang bekommen hatte, was dazu führte, dass sie große Bereiche ihres Kommunikationsnetzes erneuern mussten. Ihre Darstellung war äußerst gelungen und hilfreich für das Empire, mein Lieber.«

»Demnach war der Fall mit der Festnahme des deutschen Agenten noch nicht beendet«, folgerte Wiggins, der sich Holmes' Notizen mit Interesse und Erstaunen durchlas. »Sie waren verantwortlich dafür, dass …?«

Einen kurzen Moment konnte man die Genugtuung im Gesicht meines Freundes aufblitzen sehen.

»Lieber Wiggins, für was auch immer ich verantwortlich gewesen bin, heute gibt es bedeutend Wichtigeres zu besprechen. Ich werde dir bei Gelegenheit die Einzelheiten des Falls auseinanderlegen. Setzen wir uns.«

Der kleine Tisch bot ausreichend Platz, und Holmes führte weiter aus.

»Hat sich der Baron vorgenommen, eine offene Rechnung zu begleichen? Das anonym zugesandte Fläschchen mit Vitriolöl lässt vermuten, dass dies eine Warnung an alle direkt oder indirekt Beteiligten am Gruner-Fall ist. Wiggins hat auf meinen Wunsch hin Nachforschungen angestellt, um mehr über die Hintergründe dieser ungewöhnlichen Kontaktaufnahme herauszubekommen. Wie ich schon sagte, sollten wir erst einmal davon ausgehen, dass der Baron der Absender des Fläschchens ist.«

Holmes zog genüsslich an der Pfeife. Seine tiefliegenden Augen wandten sich dem jüngeren Kollegen zu, der nun seinerseits begann, die Situation zu umreißen.

»Es ist mir über einen Verbindungsmann gelungen, Gruner in Berlin ausfindig zu machen. Dort leben übrigens auch der Agent Von Bork und sein Vorgesetzter, Botschaftsrat Baron von Herling.«

Eine kurze, bedeutungsvolle Pause folgte.

»Ich weiß nicht, wie Sie zu dem Schluss gekommen sind, dass Gruner und Von Bork einige Jahre zusammengearbeitet haben, Mister Holmes, aber es deutet vieles darauf hin, dass Sie damit genau richtig liegen. Unsere Puzzleteile wären somit Baron Gruner und Von Bork, dem ja die zentrale Rolle in ihrem letzten offiziellen Fall zufiel. Bislang haben Sie uns noch nicht verraten, wie es Ihnen gelungen ist, diesen Bezug herzustellen.«

»Vielleicht später. Wie weit sind deine Nachforschungen über den Gesundheitszustand des Barons vorangekommen?«, wechselte Holmes das Thema.

»Erste Informationen besagen, dass er sein Augenlicht bei der Vitriol-Attacke lediglich zum Teil eingebüßt hat, allerdings kann er die rechte Hand nur bedingt einsetzen. So wie es scheint, hat er seine ganze Energie in den Dienst der deutsch-österreichischen Spionage gestellt. Er pflegt bis zum heutigen Tag beste Verbindungen zur deutschen Heeresleitung. Genaueres erfahre ich morgen.«

»Sehr gute Arbeit, viel Zeit hattest du ja nicht. Gruner ist übrigens Linkshänder. Folgende Informationen sind noch von Bedeutung: Wo in Berlin wohnt er zurzeit? Wie nennt er sich jetzt? Er wird kaum unter seinem wirklichen Namen firmieren. Wer sind die Helfer, und welchen Plan verfolgt er?«

Wiggins erwies sich zu meiner Freude als unkompliziert und offen, er lachte und vertröstete den berühmten Detektiv noch einmal auf den kommenden Morgen.

»Es ist alles in die Wege geleitet, aber da ich nicht vor Ort sein kann, bin ich eben auf meine Informanten angewiesen.«

Ich schaltete mich in das Gespräch ein.

»Holmes ist einfach unverbesserlich. Sie kennen ihn doch, Wiggins.«

Dieser hatte nur Gutes über seinen Mentor zu sagen.

»Seine Hinweise sind berechtigt, Doktor Watson. Die von ihm aufgeworfenen Fragen müssen wir so schnell wie möglich beantworten.«

Der eben noch zum Scherzen aufgelegte ehemalige Irregular sprach jetzt in ernstem Ton und sein Gesichtsausdruck war alles andere als entspannt.

»Ich denke, Sie sollten Ihrem langjährigen Freund bei der Bewertung der Situation vertrauen. Wir müssen vorbereitet sein, denn zu einer Auseinandersetzung dürfen wir es nicht kommen lassen.«

Auch wenn Wiggins Recht behalten sollte, fühlte ich mich als einstiger Soldat noch gut in Form. Holmes schätzte meinen Gemütszustand richtig ein.

»Watson, niemand streitet ab, dass Sie für Ihr Alter recht rüstig sind, doch liegen die Dinge hier etwas anders. Denken Sie nur an den heimtückischen Angriff auf mich in der Londoner Regent Street.«

Gruners Männer hatten Holmes am helllichten Tag auf offener Straße mit Stöcken angegriffen und waren anschließend durch das Café Royal getürmt. Die Attacke war perfekt geplant gewesen und schnell ausgeführt worden. Glücklicherweise konnte mein Kamerad aufgrund seiner Fähigkeiten im Stockfechten den größten Teil der Schläge abwehren, sonst hätten ihn seine Gegner wahrscheinlich noch übler zugerichtet. Wir saßen schweigend am Tisch. Gefahr lag in der Luft, sie war fast greifbar, obwohl es keine konkrete Drohung gegen uns gab. Holmes durchbrach die Stille.

»Gehen wir also davon aus, dass Gruner in den letzten Jahren mit den Deutschen zusammenarbeitete. Während ich den Von-Bork-Fall zum Abschluss brachte, tauchte mehrfach der Name Armin Niederwald auf. Ihn hatte ich dir bereits zur Überprüfung gegeben, Wiggins. Es würde mich nicht wundern, wenn sich der Baron hinter diesem Alias verbirgt. Sollte dies der Fall sein, hätten wir einen Ansatzpunkt, um mehr über seine Machenschaften herauszubekommen. In jedem Fall müssen wir uns vorsehen«, brachte es der Meisterdetektiv auf den Punkt und fügte die verwirrende Bemerkung hinzu: »Doch kann das alles nicht sein.«

»Wieso kann was nicht alles sein?«, wollte ich wissen.

»Lassen Sie uns den morgigen Tag abwarten.«

»Ich denke, es wäre besser, wenn Sie uns jetzt darlegen, was hier vor sich geht.«

»Ein berechtigte Bitte, Watson, aber Ihre Kommentare würden zum jetzigen Zeitpunkt nur Verwirrung stiften.«

»Sie sind noch genauso unerträglich wie eh und je, Holmes. Darf ich Sie daran erinnern, dass Wiggins und meine Wenigkeit Ihre einzigen Verbündeten sind?«

»Jetzt, wo Sie es sagen. Spaß beiseite, mein Lieber. Wir sollten damit warten, bis die Gefahr besser einzuschätzen ist. Eine reine Vorsichtsmaßnahme.«

Erstaunlich, dass ich mich auch heute noch über seine Verschrobenheit aufregte.

»Ich glaube nicht, dass Ihnen Ihr Freund etwas vorenthalten möchte, Dr. Watson«, bemühte sich Wiggins zu schlichten.

Holmes erhob sich unvermittelt und deutete auf ein Blatt an der Wand.

»Wiggins, worum handelt es sich hierbei?«

Der Detektiv kam zu ihm, lehnte sich vor und studierte die Notizen auf dem Zettel sehr eingehend. Er machte einen konzentrierten und wissenden Eindruck auf mich. An den Sherlock Holmes aus den gemeinsamen Tagen in der Baker

Street erinnerte er mich jedoch nur entfernt. Wiggins wirkte offener, mehr dem Menschen zugewandt als sein Vorbild. Wie es mit seinen kombinatorischen, oder wie es mein Gefährte formulierte, deduktiven Fähigkeiten aussah, konnte ich noch nicht beurteilen. Aber ganz offensichtlich existierte eine besondere Bande zwischen den beiden.

»Das dürfte eine Namensliste von Personen sein, die für den deutschen und oder den österreichischen Geheimdienst arbeiten.«

Aus dem Augenwinkel konnte ich den zufriedenen Gesichtsausdruck des Meisterdetektivs erhaschen.

»Interessant. Woraus schließt du das?«

»Es gibt mehrere Indizien. Zum einen, dass sowohl Briten als auch Deutsche, beziehungsweise Österreicher aufgeführt sind, und zum anderen sind mir zwei der Namen und deren Verbindungen zum deutschen Geheimdienst bekannt.«

»Ausgezeichnet.«

Holmes deutete auf ein schmales Regal an der Wand links von uns.

»Das ist das Fläschchen aus dem anonym zugesandten Paket. Wie wärst du vorgegangen, wenn du ein solches erhalten hättest?«

»Einen Schluck genommen?«, scherzte er grinsend.

Wiggins würde trotz seines bemerkenswerten Aufstiegs aus den Tiefen des Londoner Morasts immer auch der vorwitzige Straßenjunge bleiben, der sich durchgeschlagen und allen Unwägbarkeiten getrotzt hatte.

»Und wenn du es dir anders überlegt und vom Probieren abgesehen hättest?«, hakte Holmes nach.

»Dann hätte ich versucht herauszufinden, um was für eine Flüssigkeit es sich handelt. Anschließend würde ich das Päckchen überprüfen, um einen möglichen Bezug zu mir als Empfänger herzustellen.«

»Voilà.«

Holmes zog aus der Schublade einer unterhalb des Regals stehenden Kommode eine Lupe hervor und gab sie Wiggins, der damit das Fläschchen untersuchte.

»Fingerabdrücke?«, fragte der jüngere Detektiv über sein Untersuchungsobjekt gebeugt.

»Nein«, antwortete Holmes knapp.

»Kratzspuren – sollte mir das nicht etwas sagen? Vermutlich schon«, murmelte Wiggins vor sich hin. »Es wurde wohl etwas entfernt.«

Er sah auf und Holmes an, der nickte.

»Und was?«

Ich schaltete mich ein.

»Jetzt hören Sie doch endlich mit diesem unsäglichen Spielchen auf. Wenn Sie etwas beizusteuern haben, tun Sie das einfach.«

In früheren Zeiten wäre es mir ein Leichtes gewesen, die latente Schulmeisterei meines Freundes zu ertragen, aber im fortgeschrittenen Alter gelang mir das nur bedingt.

»Zweifellos die Produktionsstätte des Fläschchens«, schloss Wiggins.

»Was bedeutet?«, fragte Holmes nach.

»Der Ort steht möglicherweise in Zusammenhang mit dem Baron oder seinem Plan. Vielleicht kann uns mein Informant in Berlin mehr dazu sagen.«

»Ausgezeichnet, Wiggins. Wir sollten ins Haus gehen und bei Brandy und Zigarre den Abend in angemessener Weise beschließen. Hier sind wir fertig, und morgen ist auch noch ein Tag.«

MISS KITTY WINTER

Holmes bat seinen Protegé, die Liste und das Vitriol-Fläschchen einzustecken und mitzunehmen. Danach nahm er die Öllampe, öffnete die Tür und gleich darauf standen wir wieder in der kühlen Nacht. Ich blickte in den sternenklaren Himmel und genoss die frische, leicht salzig schmeckende Luft. Was für eine wunderbare Ruhe bot ein solcher Moment, den ich mit zunehmendem Alter mehr und mehr schätzte. Holmes hatte die brodelnde Metropole London verlassen, eine weise Entscheidung, wie ich fand, womöglich die beste seines Lebens. Wir gingen um das Cottage herum und näherten uns der Eingangstür, als der berühmte Detektiv plötzlich stockte und signalisierte, zu ihm aufzuschließen.

»Das allerdings habe ich nicht kommen sehen«, stieß er hörbar irritiert aus.

Mondlicht erhellte die Szene vor uns – auf der Türschwelle lag eine Frau mit dem Gesicht nach unten, ihre feuerroten Haare stachen regelrecht ins Auge und ließen mich sofort an Kitty Winter denken. Ich drängte mich an den beiden vorbei und fühlte den Puls der Frau.

»Sie ist tot, der Körpertemperatur nach zu urteilen schon seit einigen Stunden.«

»Wir müssen Sie ins Haus bringen und untersuchen«, bestimmte Holmes.

Zu dritt gelang es uns, die Tote im Wohnraum auf den Tisch zu legen und umzudrehen. Es handelte sich ohne jeden

Zweifel um Kitty Winter. Der Anblick war nur schwer zu ertragen. Ich ließ den Detektiven den Vortritt und kümmerte mich um das Feuer. Dass man die Leiche auf die Türschwelle des Cottage gelegt hatte, war deutlich mehr als eine stille Drohung. Gruner oder wer auch immer sich hinter dieser Attacke verbarg, hatte uns den Fehdehandschuh in Person von Miss Winter geradewegs vor die Füße geworfen. Mein Vorschlag, die Polizei zu rufen, stieß bei Holmes auf keine Gegenliebe.

»Watson, verlieren Sie jetzt endgültig den Verstand? Seien Sie bitte so gut und ziehen Sie die Vorhänge zu. Es gibt viel zu tun und das letzte, was wir brauchen, sind Zeugen oder die örtliche Polizei. Eine Tote auf dem Tisch in unserem Wohnzimmer ist nicht das, was man einem Polizisten präsentieren sollte – obgleich es eine interessante Herausforderung wäre, sich aus dieser misslichen Lage zu befreien.«

Mir kam der aussichtsloseste Fall unserer gemeinsamen Zeit in den Sinn.

»Aber doch sicherlich nicht so misslich wie für John Hector McFarlane im Fall des ›Baumeisters aus Norwood‹«, wandte ich ein.

»Das würde ich nicht unbedingt sagen. Jonas Oldacre war ein äußerst durchtriebener Zeitgenosse, der sein falsches Spiel fast perfekt beherrschte.«

»Ich erinnere mich noch wie heute an den Augenblick, als der junge Anwalt McFarlane in unseren gemeinsamen Wohnraum stürmte. Sie haben sich damals selbst übertroffen, Holmes.«

»Übertreiben Sie mal nicht. Nur Oldacres Hybris rettete McFarlane vor dem Galgen. Ich denke, unsere Chancen stehen heute kaum besser, aber lassen wir das fürs Erste. Zurück zu dem, was wir beeinflussen können.«

Mein Gefährte sagte so etwas nicht einfach dahin, was mich tief beunruhigte. Er nahm den Faden wieder auf.

»Die Untersuchung der Leiche sollte uns Hinweise geben, wie wir sinnvollerweise vorgehen. Es braucht vor allem eine Strategie, mit der unser Gegner nicht rechnet, da er nach wie vor die Spielregeln bestimmt. Die örtlichen Behörden können erst dann benachrichtigt werden, wenn geklärt ist, was vor sich geht.«

Wir begannen, Kitty Winter zu entkleiden. Von Einzelheiten über den körperlichen Zustand der armen Kreatur möchte ich an dieser Stelle absehen, nur so viel, der Anblick war erschreckend. Man hatte sie regelrecht zu Tode geprügelt, sie schien keinen heilen Knochen mehr im Leib zu haben. Zu meinem Erstaunen war kein Vitriol zum Einsatz gekommen. Die Frage nach dem Grund dafür beantwortete Holmes in seiner gewohnt herablassenden Weise.

»Watson, sicherlich erinnern Sie sich daran, dass die Vitriol-Attacke von Kitty Winter auf Baron Gruner durch alle Zeitungen ging. Und an den Prozess, der starkes öffentliches Aufsehen erregte. Wenn sie nun das gleiche Schicksal erlitten hätte wie damals der Baron, würde dann der Verdacht, obwohl Jahre vergangen sind, nicht zwangsläufig auf Gruner fallen? Dies durfte aus dessen Sicht natürlich unter keinen Umständen passieren.«

»Zweifellos einleuchtend, Holmes. Es geschieht genau das, was Sie vorausgesehen haben; der Gegner drängt uns in die Enge, und wir können nur reagieren.«

»Das kann auf Dauer nicht gutgehen«, warf Wiggins ein.

Holmes nickte und führte weiter aus.

»Fangen wir mit den grundlegenden Dingen an. Watson, holen Sie bitte die Pistole aus meinem Nachttischschrank und stecken Sie sie ein. Auch wenn ich momentan nahezu ausschließen kann, dass man es auf einen Schusswechsel mit uns abgesehen hat. Es wird Zeit, dass wir endlich die Tote unter die Lupe nehmen.«

Es dauerte eine Weile, bis ich seine Waffe in einem verstaubten Nachttopf unter seinem Bett gefunden hatte. Anschließend warf ich einen Blick in die übrigen Räume – alles schien unberührt. Zurück im Wohnraum, waren Wiggins und Holmes bereits mit der Untersuchung der Toten beschäftigt.

»Da sind Sie ja, Watson. Wir würden gerne Ihre geschätzte Meinung zu Miss Winter hören.«

Ich trat an den Tisch und besah die Tote eingehend.

»Ihre unterschiedlich gefärbten Blutergüsse legen nahe, dass sie über einen längeren Zeitraum hinweg geschlagen wurde. Es stellt sich die Frage, ob Gruner selbst für diese Grausamkeiten verantwortlich ist.«

»Was sagt uns die Tatsache, dass man sie über einen längeren Zeitraum misshandelte? War Sie womöglich im Besitz wertvoller Informationen? Und wenn ja, welcher Art? Die Brutalität lässt einen Racheakt vermuten. Aber warum wurde das Vitriol-Fläschchen verschickt? Geht es dabei um den Reiz, uns vorab zu warnen? Oder war es ein Ablenkungsmanöver? Dann muss man sich allerdings fragen, wovon? Vieles scheint denkbar. Die Frage ist, welches Ziel letztlich verfolgt wird«, dozierte Holmes in seiner typischen Art.

Wiggins ergriff das Wort.

»Ich würde vorschlagen, wir wenden erst einmal die bestehende Gefahr für Kitty Winters Vertrauten, Porky Shinwell, ab. Ich könnte mich mit London in Verbindung setzen und sehen, dass man ihn warnt, damit er schnellstens von der Bildfläche verschwindet.«

»Das ist vielleicht schon zu spät. Ich hatte ihn kontaktiert und gebeten, sich unverzüglich bei mir zu melden. Bislang habe ich jedoch nichts von ihm gehört. Porky sollte für mich herausfinden, mit wem Kitty Winter die letzte Zeit Kontakt hatte.«

Unweigerlich schauten wir auf den misshandelten Körper vor uns auf dem Tisch. Ob es dem massigen Porky Johnson auch so ergangen war? Sich nicht zu melden, vor allem, wenn Holmes ihn ausdrücklich darum gebeten hatte, ließ nichts Gutes erahnen. Wiggins fragte in die Runde.

»Hat der Baron so brutal zugeschlagen? Sein Hass auf Kitty Winter lässt dies auf den ersten Blick plausibel erscheinen, doch ganz überzeugt mich das nicht. Rache? Bestimmt, aber ein solcher Gewaltakt nach so langer Zeit? Da muss noch etwas anderes dahinterstecken.«

Holmes sah von der Schwellung über dem rechten Auge der Toten auf und betrachtete den ehemaligen Anführer der Baker Street Irregulars wohlwollend.

»Eine schlüssige Überlegung, Wiggins. Wenn wir durchschauen, was der wahre Antrieb Gruners ist, können wir gegen ihn bestehen. Nach dem Mord an Kitty Winter zweifle ich nicht mehr daran, dass der österreichische Mörder der Drahtzieher hinter den Ereignissen der letzten Tage ist.«

Holmes ging zum Kaminsims, zündete sich eine Zigarette an und gesellte sich wieder zu uns.

»Darf ich auf etwas Weiteres aufmerksam machen?«

Er öffnete den Mund der Toten.

»Watson, was fällt Ihnen auf?«

Ich sah gleich, worauf er hinauswollte.

»Die Zähne wurden durch die Schläge zwar beschädigt, sind aber dennoch in einem guten Zustand. Es wurden diverse Arbeiten daran vorgenommen, auch ist kein Zahnfleischschwund festzustellen.«

»Was schließen Sie daraus?«

»Entweder hatte sie Geld oder kannte jemanden, der finanziell gut gestellt ist und sie unterstützte. Das Zahnfleisch legt nahe, dass sie sich gesund ernährte und wohl kaum in ihrem alten Beruf arbeitete.«

»Bravo. Und was sagt Ihnen der Blick auf die Hände und Füße von Kitty Winter?«

»Trotz der physischen Verwüstung fällt auf, dass sie gepflegt sind. Miss Winter ging demnach regelmäßig zur Maniküre und Pediküre. Ergo, es muss einen Gönner geben, der ihr das neue Leben finanzierte.«

Falls Porky Johnson den Schergen des Barons entkommen war, würde er uns sicherlich darüber Auskunft geben können. Er ist ein gerissener Bursche, weshalb ich die Hoffnung hatte, dass es ihm gelungen war, sich rechtzeitig aus dem Staub zu machen. Wiggins bot an, Informationen über Kitty Winter und Porky Johnson zu beschaffen.

»Das dürfte nicht ungefährlich sein. Haben Sie denn einen geeigneten Mann dafür?«, fragte ihn Holmes.

»Der alte Enderby arbeitet schon eine ganze Weile für mich und ist mit allen Wassern gewaschen. Ein Sohn aus gutem Hause, der es vorzog, die Weltmeere zu befahren. Er kennt nicht nur die Londoner Hafengegend wie seine Westentasche.«

Holmes war einverstanden und schlug vor, dass Wiggins noch heute Abend mit ihm Kontakt aufnehmen sollte.

»Ist das zu machen?«

»Ich fahre jetzt nach Eastbourne und versuche mein Möglichstes. In zwei bis drei Stunden dürfte ich zurück sein. Soll ich Ihnen meine Waffe dalassen?«

»Das wird nicht nötig sein. Watson ist bewaffnet.«

Ich wurde das Gefühl nicht los, dass Holmes mir die Pistole deshalb anvertraut hatte, damit ich mich gebraucht fühlte. Auf gewisse Weise stimmte das auch. Dieser Anflug von Fürsorge war mir neu und rückte meinen langjährigen Freund in ein neues Licht. Nachdem Wiggins gegangen war, widmeten wir uns wieder Kitty Winter. Ich führte meine Beobachtungen weiter aus.

»Sie ist vor mehr als acht Stunden gestorben, sonst wäre die Leichenstarre noch zu lösen. Allerdings kann sie nicht länger als drei Tage tot sein, denn dann endet spätestens die Totenstarre wegen der einsetzenden Fäulnis der Muskulatur. Anhand der Totenflecken ist es möglich, den Todeszeitpunkt noch etwas genauer zu bestimmen. Da sie nicht mehr umzulagern oder wegzudrücken sind, bedeutet dies, dass Miss Winter nicht nur acht, sondern mindestens zwölf Stunden tot sein muss. Zusammenfassend lässt sich also sagen, dass sie frühestens am vorgestrigen Morgen und spätestens am gestrigen Abend gestorben ist.«

»Eine ausgezeichnete Einschätzung, der nichts hinzuzufügen ist, mein lieber Watson. Und wie, denken Sie, ist Miss Winter zu Tode gekommen?«

»Sie ist zweifelsohne erstochen worden, was sie von ihren Qualen erlöst hat, wenn man die Verletzungen in Betracht zieht.«

»Was können wir aus den sichtbaren Hinweisen noch herauslesen?«

Holmes schien sich die Aufforderung selbst gegeben zu haben, denn er beugte sich über den Oberkörper der Toten, bat mich um seine Lupe, die auf dem Experimentiertisch lag, und begann zu erläutern.

»Die Schläge ins Gesicht sind aller Wahrscheinlichkeit nach von einem Linkshänder ausgeführt worden. Beachten Sie den Schlagwinkel.«

Er stellte sich auf und drehte mich zu ihm um. Dann ahmte er mehrfach einen Faustschlag mit seiner Linken nach und deutete auf Kitty Winters zerschundenes Äußeres.

»Wie Sie sehen, sind die Auswirkungen der Schläge rechts gravierender als links. Das Gesicht ist vor allem um die Augenpartie stark geschwollen. Links hingegen sind die Verletzungen mehr in der Jochbeingegend zu finden. Fällt Ihnen zu den Wangen der Toten noch etwas auf?«, wollte er von mir wissen.

Wegen des desaströsen Gesamteindrucks hatte ich bislang nicht entdeckt, was mit einem Mal meine Aufmerksamkeit erregte.

»Die linke Wange weist starke Kratzer auf. Aber warum? Haben Sie eine Idee, Holmes?«

»Ich denke schon. Sie erinnern sich an den Siegelring, den Gruner bei unserem ersten Aufeinandertreffen trug? Ich nehme an, solch ein Ring ist dafür verantwortlich.«

Damit wandte sich der Meisterdetektiv wieder der Toten zu und untersuchte Arme und Hände.

»Watson, sehen Sie, was ich sehe?«, dabei deutete er auf Kitty Winters Fingernägel.

»Sie hat Schmutz unter den Nägeln«, bemerkte ich.

»Wie können Sie nur ein solch profanes Wort wie Schmutz gebrauchen?«, rief er aus und schien jetzt vollkommen in seinem Element zu sein. »Das ist Erde, und wenn ich mich nicht sehr täusche, dürfte sie uns ein ganzes Stück voranbringen.«

»Die Erde kann von überall herstammen. Ich verstehe nicht, wie uns das helfen soll«, hielt ich ihm entgegen, obgleich mir sein umfassendes Wissen in Sachen Bodenbeschaffenheit natürlich bekannt war.

Dass ihn meine Bemerkung zusätzlich anspornen würde, schätzte ich richtig ein.

»Nicht so voreilig, alter Freund«, bemerkte Holmes, lief zu seinem Experimentiertisch und stand gleich darauf wieder neben mir.

Mit einem Spatel entfernte er die Erde unter den Fingernägeln der Toten und füllte sie in eine Petrischale. Seine Begeisterung für Chemie hatte ich nie ganz teilen können. Bei dem Gedanken an seine Experimente musste ich grinsen; immer wieder war es vorgekommen, dass wir während unserer Zeit in der Baker Street wegen der enormen Rauchentwicklung bei seinen chemischen Experimenten die Fenster hatten aufreißen müssen. Anfänglich war die Feuerwehr angerückt, später reichte es aus, wenn einer von uns am Fenster auftauchte und Entwarnung gab. Hoffentlich würden wir heute davon verschont bleiben.

Es war mir schleierhaft, wie mein Gefährte herausbekommen wollte, woher die Erde stammte. Allerdings bildeten seine Fähigkeiten der genauen Beobachtung, des messerscharfen Deduzierens und der intuitiven Analyse, gepaart mit seinem abseitigen Wissen die beste Voraussetzung, dieses vertrackte Rätsel zu lösen. Dass ich seine Analyse heute als intuitiv bezeichne, erlaube ich mir angesichts meines Alters und der reichlich gesammelten Erfahrung. Holmes würde sich gegen diese Behauptung verwahren, doch ist selbst er nicht von der einen oder anderen Ungenauigkeit freizusprechen.

Konzentriert und präzise verfrachtete er nun etwas Erde in ein Reagenzglas, füllte eine Flüssigkeit hinzu und erhitzte das Gemisch. Es dauerte eine Weile, dann begann es sich zu verfärben.

»Sehen Sie, Watson, basisch mit hohem Kreideanteil. Das weist auf die Südküste Englands hin. Weiterhin lässt es vermuten, dass Kitty Winter wahrscheinlich noch am Leben war, als man sie von London in unsere Gegend brachte. Sonst hätte sie wohl kaum Erde unter ihren Nägeln gehabt.«

»Aber diese Schurken hatten wohl schon entschieden, sie umzubringen ...«

»... und mir auf die Türschwelle zu legen. Davon muss man ausgehen«, unterbrach er mich. »Es lässt sich aber noch mehr aus dieser Erde herauslesen.«

Holmes griff ein zweites Reagenzglas, gab auch in dieses etwas Erde hinein und referierte weiter.

»Sie kennen mein Interesse für unterschiedliche Bodentypen. Wie Sie wissen, gilt meine kleine Monografie darüber bis zum heutigen Tag als Standardlektüre zu diesem Thema. Ich gehe davon aus, dass wir neben der obligatorischen Kreide auch Spuren von Ton und Kalk finden. In diesem Fall wüssten wir recht genau, wohin Miss Winter gebracht worden ist.«

Während Holmes weitersprach, hatte er zwei Flüssigkeiten in das Reagenzglas mit der Erde gegeben, diese miteinander vermischt und zu erhitzen begonnen. Ich beobachtete den gespannten Gesichtsausdruck meines Freundes, der dem Ergebnis des Experiments entgegenfieberte.

»Sollte unser Gemisch eine rötliche Färbung annehmen, können wir davon ausgehen, dass Kitty Winter westlich von uns in der Region Hampshire festgehalten wurde.«

»Wohl wegen der Zusammensetzung des Bodens«, folgerte ich.

»Exakt, Watson. Ton, Kalk, Sand und natürlich Kreide. Letztere verriet mir schon durch den ersten Versuch, dass wir in diesem Küstenbereich werden suchen müssen. Das Vorhandensein der anderen Komponenten verweist ziemlich eindeutig auf Hampshire.«

»Ich bin beeindruckt, Holmes. Aber bedarf es nicht einer gehörigen Portion Fortune, um zu einem solchen Ergebnis zu kommen?«

Just in diesem Moment nahm das Gemisch im Reagenzglas die erhoffte Färbung an. Holmes' Augen strahlten.

»Auf den ersten Blick kann man dies durchaus annehmen, doch ist es vielmehr eine Frage von Systematik und umfassendem Wissen.«

»Ich bin ganz Ohr.«

»Es braucht eine Hierarchie des Verstehens, die auf dem Ausschlussprinzip basiert. Neuerdings wird dieses Vorgehen gerne mit dem Strukturalismus in Verbindung gebracht. Ferdinand de Saussure ist ein überaus interessanter Denker, der Althergebrachtes in einen neuen Kontext gesetzt hat. Wussten Sie, Watson, dass seine Bücher aus Aufzeichnungen seiner Schüler entstanden sind? Er selbst hatte keine Ambitionen, sie zu publizieren.«

»Wie angenehm zurückhaltend«, kommentierte ich.

»Wohl wahr.«

Ich wartete auf eine Spitze gegen meine literarischen Darstellungen der Fälle, doch sie blieb aus.

»In jedem Fall sollte es bei dem ersten Experiment eine Entweder-Oder-Entscheidung geben. Wenn sich die Annahme bestätigt, kommt man der Lösung gleich ein ganzes Stück näher.«

»Und wenn sich die Vermutung nicht bestätigt?«

»Dann wird ein zweiter oder auch ein dritter Anlauf unternommen, jeweils mit einer Entweder-Oder-Entscheidung, bis sich eine verfolgbare Spur ergibt.«

»Ist das nicht ausgesprochen mühsam?«

»Natürlich. Aber jedes Resultat bringt einen auf die eine oder andere Art dem Ziel näher. Sobald man auf der richtigen Fährte ist, geht es recht schnell. In unserem Fall war ich davon überzeugt, dass die Bodenprobe auf die gesuchte Region verweisen würde. Ich habe eine der stillgelegten Industrieanlagen im Bezirk Hampshire im Visier.«

»Warum denn das, Holmes?«

»Wegen der Abgeschiedenheit und der recht günstigen Lage zu unserem Cottage, obgleich sie etwas weiter entfernt liegen dürfte, als ich es ursprünglich erwartet hatte. Wenn ich mich nicht täusche, sollten wir dort …«

Mein berühmter Freund brach wieder einmal einen Gedanken ab und kam stattdessen erneut auf seine Versuchsreihe zu sprechen.

»In einem weiteren Experiment überprüfe ich jetzt noch diese kleinen Splitter hier in der Erde. Im Anschluss daran werden wir mit ziemlicher Sicherheit wissen, wo Kitty Winter festgehalten wurde.«

»Brillant, Holmes.«

»Das finde ich auch«, dabei grinste er amüsiert. »Lassen Sie uns die Untersuchung von Kitty Winter abschließen.«

Wir gingen zurück zum Tisch, auf dem die Tote lag, und Holmes besah ihre Finger.

»Sie trug drei Ringe, die entfernt wurden. Warten Sie.«

Nach den Haaren untersuchte er Hals und Brustbereich.

»Außerdem trug sie eine Kette, feine Handwerkskunst, darüber besteht kein Zweifel.«

»Woher wollen Sie das denn wissen? Es sind keine Spuren am Hals zu erkennen.«

»Mein lieber Watson, da haben Sie natürlich Recht, aber dieses Kettenglied in den Haaren der Toten lässt wohl keine andere Deutung zu.«

»Sie haben sich kein bisschen verändert, Holmes.«

»Das wundert Sie doch nicht etwa?«, er ging zum Experimentiertisch und legte das Kettenglied in eine weiße Schale. Dann reichte er mir seine Lupe.

»Was würden Sie sagen?«

»Sieht hochwertig aus, sehr fein gearbeitet. Auch das deutet definitiv auf einen Gönner oder Verehrer hin.«

Mir kam eine Idee.

»Sollten wir uns nicht mit Langdale Pike in Verbindung setzen?«

Der bekannteste Klatschreporter Londons hatte Holmes während unserer gemeinsamen Zeit in der Baker Street verschiedentlich mit Informationen über Personen des öffentlichen Lebens versorgt.

»Ich habe erst kürzlich einen Artikel von ihm gelesen, da war er noch aktiv«, setzte ich hinzu.

»Es ist schon in die Wege geleitet, Wiggins kümmert sich darum. Der gute Pike dürfte nicht nur herausfinden, um wen es sich bei diesem ominösen Wohltäter handelt, sondern auch ein paar zusätzliche Informationen für uns parat haben.«

»Sie möchten demnach Kontakt mit dem Unbekannten aufnehmen?«

»Watson, bitte, es ist bereits das zweite Mal heute, dass ich geradewegs an Ihrem Verstand zweifle.«

Ich winkte ab, ließ ihn am Experimentiertisch zurück und setzte mich an den Kamin. Holmes begann, den dritten Versuch vorzubereiten. Was, wenn Langdale Pike uns keinen Hinweis auf Kitty Winters Umfeld geben konnte? Wusste Shinwell Johnson Bescheid? Nach einer Weile kam er zum Kamin und setzte sich zu mir.

»Ich wollte nicht ungehalten reagieren, aber es muss Ihnen doch klar sein, dass wir den geheimnisvollen Wohltäter von Miss Winter nach deren Ermordung aus der Schusslinie bringen müssen. Diese Verbindung ist aller Wahrscheinlichkeit nach im Zuge der damaligen Vitriol-Attacke zustande gekommen. Können Sie mir folgen?«

»Natürlich.«

»Vermutlich wurden deswegen Kitty Winters Ringe von ihrem Mörder entfernt, um die Suche nach dem Wohltäter zu erschweren. Wir haben aber erst einmal andere Sorgen. Morgen früh unternehmen wir eine Reise nach Croydon an den Stadtrand von London.«

»Dort treffen wir Shinwell Johnson«, mutmaßte ich.

»Wiggins ist es tatsächlich gelungen, ihn aufzuspüren. Wir nehmen den Zug von Brighton und nicht etwa vom nahegelegenen Eastbourne aus. Das wäre fahrlässig und würde Porkys Leben unnötig gefährden. Tickets besorgt uns Wiggins heute Abend. Wir laufen vor Sonnenaufgang eine kleine Wegstrecke durch die Felder und treffen ihn ein paar Meilen von hier entfernt. Von dort aus geht es mit dem Wagen zum Bahnhof und per Zug weiter nach Croydon.«

»Warten wir noch auf Ihren Nachfolger?«

»Ja, er muss uns Bericht erstatten. Danach zieht er sich in einen Gasthof zurück, und wir sehen ihn im Morgengrauen.«

»Was ist, wenn Gruners Spießgesellen herausbekommen, wohin wir fahren?«

»Solange es ihnen nicht gelingt, uns auf Schritt und Tritt zu folgen, ist das kein Problem. Sie sollen uns auf den Fersen bleiben.«

»Damit wir agieren«, warf ich ein.

»So ist es, mein Lieber. Porky muss nach unserem Treffen sein Versteck wechseln. Es wird sich schon etwas ergeben.«

Holmes' Bemerkung konnte nur bedeuten, dass er vorgesorgt hatte.

»Sie haben bereits einen neuen Unterschlupf für ihn.«

Er bestätigte meine Vermutung mit einem Lächeln. Das Gespräch schweifte nun von den Vorkommnissen der letzten Stunden ab, und wir plauderten über die gemeinsame Zeit in der Baker Street. Es fühlte sich an, als wäre ich nie fort gewesen. Plötzlich klopfte es an die Verandatür, der Detektiv schnellte aus seinem Sessel hoch – seine unbekümmerte Art war wie weggeblasen.

»Watson, die Pistole!«, raunte er mir zu.

Ich griff sie vom Beistelltisch neben uns und sprang ebenfalls auf.

DER BERICHT

Holmes näherte sich der Tür. Ich blieb mit gezogener Waffe zwei Schritte zurück, als der Detektiv den Vorhang beiseiteschob. Dort stand zu unserer Erleichterung Wiggins, den Mantel eng um seinen Körper geschlungen, darauf wartend, dass wir ihm die Tür öffneten. Ich war froh, ihn unversehrt wiederzusehen. Er sah uns an und fragte prompt:

»Haben Sie sich etwa Sorgen um mich gemacht?«

Unsere Antworten hätten nicht unterschiedlicher ausfallen können, denn Holmes verneinte und ich bejahte.

»Also, Sie wissen es nicht so genau«, amüsierte er sich.

Wir beratschlagten uns kurz und entschieden, die Leiche in eine leerstehende Kammer neben der Küche zu legen. Das Unterfangen forderte uns einiges ab und ich war froh, als wir es endlich vollbracht hatten. Zurück im Wohnraum reichte mein Gefährte dem ehemaligen Anführer der Irregulars eine Zigarette, die dieser dankend annahm. Dann machten wir es uns am Kamin bequem, und ich schenkte Brandy aus. Nach einem ersten gemeinsamen Schluck begann Wiggins zu berichten.

»Machen Sie sich keine Sorge, Mister Holmes, ich wurde nicht verfolgt. Das kann man im Dunkeln gut abschätzen.«

Holmes verlor keine Zeit.

»Was hat Enderby in Erfahrung bringen können?«

»Kitty Winter ist vor vier Tagen spurlos verschwunden. Sie wohnte schon lange nicht mehr im Hafenviertel, sondern in einem Appartement im Zentrum. Wie Sie richtig vermutet haben, hatte sie ihre Arbeit schon vor Jahren aufgegeben, schaute aber mindestens einmal die Woche in den einschlägigen Lokalen vorbei. Sie unterstützte die Mädchen, besorgte ihnen, wenn nötig, ärztliche Hilfe oder Medikamente. Zudem verreiste Kitty Winter ab und an für ein paar Tage. Das hat sie normalerweise angekündigt, doch dieses Mal wusste niemand etwas davon. Sie hat übrigens in der Allisten Road gelebt, nördlich vom Regent's Park. Die exakte Adresse bekomme ich noch.«

»Ausgezeichnet, mein Lieber. Ob wir uns Kitty Winters Wohnung ansehen müssen, wird sich noch zeigen. Es steht zweifellos fest, dass ihr genügend finanzielle Mittel zur Verfügung standen, was bereits die Untersuchung der Leiche nahelegte. Was ist mit Langdale Pike?«, fragte Holmes, der sich erhob, um seine Meerschaumpfeife zu stopfen.

Ich beobachtete meinen langjährigen Freund, wie er am Kaminsims stehend dem persischen Pantoffel Tabak entnahm und diesen mit Sorgfalt in den Pfeifenkopf füllte. Unzählige Male hatte ich ihm bei diesem Ritual zugesehen, das häufig unsere Abende am Feuer eingeläutet hatte. Er entzündete den Tabak und drehte sich zu Wiggins um, der daraufhin das Wort ergriff.

»Langdale Pike war auf die Schnelle nicht zu erreichen, denn er ist heute Abend auf einem Empfang von Lord Chester eingeladen. Morgen Vormittag bezieht er wie gewöhnlich den Platz im Erkerfenster seines Clubs in der St. James Street. Ich habe ihm eine Nachricht mit Ihren Fragen hinterlegen lassen und werde ihn morgen anrufen, falls Sie nicht selbst vorbeischauen wollen.«

»Ich denke, ein kleiner Ausflug ins Zentrum des Empires könnte nicht schaden. Was meinen Sie, Watson?«

»Einverstanden, Holmes. Aber ist es nicht merkwürdig für Sie, dorthin zurückzukehren?«

»Machen Sie sich darüber keine Gedanken. Wiggins, wenn du zwischenzeitlich die fehlenden Informationen aus Berlin besorgen würdest? Darüber hinaus wäre es von unschätzbarem Nutzen für uns, solltest du eine stillgelegte Eisenhütte im Bezirk Hamshire ausfindig machen können.«

»Eine Eisenhütte?«, versicherte sich dieser.

»Die Erde unter den Fingernägeln von Kitty Winter weist neben Kreide, Sand, Ton und Kalk auch kleine glasige Splitter jadegrüner Schlacke auf. Sie dürfte nach meinem Dafürhalten aus der Umgebung von Sowley Pond in Hampshire stammen, denn die Splitter deuten fraglos auf eine Eisenhütte hin. Stillgelegt, weil man Kitty Winter dort eine Weile festgehalten hat.«

»Ich kümmere mich darum«, antwortete er bestimmt.

Mein Eindruck war, dass man sich voll und ganz auf Wiggins verlassen konnte. Wir beschlossen den Abend und verabredeten uns mit ihm für sechs Uhr am nächsten Morgen an dem besagten Feldweg. Er brach auf, und wir gingen zu Bett. Ich schlief unruhig, träumte wirr und wurde mehrfach im Laufe der Nacht wach. Als ich endlich Ruhe gefunden hatte, riss mich Holmes wenig später aus dem Schlaf.

»Zeit aufzustehen, Watson. Machen Sie sich einen Kaffee oder Tee und etwas Essbares dürfte auch noch da sein.«

»Das klingt ja sehr verlockend«, konterte ich mit sarkastischem Unterton. Und Sie frühstücken nichts?«

»Ich bin seit halb fünf auf den Beinen«, er sah demonstrativ auf seine Uhr und bedeutete mir erneut, aufzustehen.

»Sie sind schlimmer als zu Ihrer aktiven Zeit. Geben Sie mir ein paar Minuten.«

»Ich koche Ihnen Kaffee zum Wachwerden.«

»Raus jetzt, Holmes«, bestimmte ich und setzte mich auf – endlich fiel die Tür ins Schloss.

Ich nahm meine Armbanduhr vom Nachttisch. Noch war ein wenig Zeit, wenn der Weg durch die Felder tatsächlich nicht mehr als eine Viertelstunde in Anspruch nehmen würde. Nachdem ich mich mit Kaffee und Spiegeleiern gestärkt hatte, machten wir uns schließlich zum Aufbruch bereit und zogen die Mäntel an.

»Durch den Garten, Watson«, die Augen des Detektivs funkelten, als er dies sagte.

Die Jagd konnte beginnen, ganz wie früher – doch wer jagte hier wen? Mein Mitstreiter schob den Vorhang beiseite, öffnete die Tür zum Garten und ließ mich nach draußen. Er folgte mir, zog den Vorhang wieder zusammen, verschloss die Tür und verharrte einen Moment regungslos. Hatte er etwas gehört? Kurz darauf gab er mir ein Zeichen, ihm zu folgen.

Wir liefen durch das flache Gras, parallel zur Landstraße. Holmes schien abwesend, aber das täuschte. Wir waren mittlerweile rund 200 Yards vom Haus entfernt, das Mondlicht ermöglichte uns, dem schmalen Fußweg am Rande des Feldes ohne Schwierigkeiten zu folgen. Unvermittelt blieb er stehen und drehte sich zu mir um.

»Sie müssen sich nicht um Wiggins sorgen. Er ist sehr gewandt und hat eine schnelle Auffassungsgabe.«

Mir würde es vermutlich nie gelingen, die Gedanken meines Gegenübers zu lesen, für Holmes hingegen stellte dies keine Schwierigkeit dar. Erläuterte er mir sein Vorgehen, war ich jedes Mal aufs Neue enttäuscht, wie leicht sich alles erklärte – die Magie lag nun einmal in der fehlenden Herleitung.

»Sie erinnern sich daran, dass ich Ihnen sagte, wir müssen etwas Unvorhersehbares tun?«

»Was soll das werden, der Coup de Holmes?«

»Sehr amüsant, Watson.«

»Die Karten neu zu mischen ist von existentieller Wichtigkeit, auch wenn es für uns bedeutet, vor Sonnenaufgang durch die Downs zu laufen. Immerhin sollte es den gewünschten Effekt erzielen.«

»Halten Sie diesen Aufwand wirklich für nötig?«, stellte ich einigermaßen entnervt fest.

Die Ereignisse begannen ihren Tribut zu fordern.

»Obwohl ich mich während der letzten Jahre vornehmlich dem Studium der Bienen gewidmet habe, bedeutet es nicht, dass mir der Überblick verloren gegangen ist. Coup de Holmes? Vielleicht stellt sich diese, zugegebenermaßen recht aufwendige Finte, als Befreiungsschlag heraus.«

Wie so häufig, hielt er den klärenden Gedanken seines Plans zurück. Mich beruhigte, dass er von seinem Vorgehen überzeugt war. Dennoch wollte ich mehr wissen.

»Holmes, was genau haben Sie denn nun vor?«

»Mir wäre es bedeutend wohler, wenn wir erst einmal dieses Feld durchqueren könnten.«

Er machte mich auf einen schmalen Pfad aufmerksam, der ein paar Yards weiter von unserem Weg abzweigte und quer durch das Feld führte. Holmes ging voran, blickte sich um, schien jedoch nicht besorgt. Schließlich tauchte vor uns eine kleine Baumgruppe auf.

»Ganz in der Nähe treffen wir Wiggins, er dürfte gleich da sein.«

Mein Vertrauter zog eine Taschenlampe aus seinem Mantel, schaltete sie ein und verschwand zwischen den Bäumen. Ich schloss zu ihm auf. Zu meiner Überraschung fanden wir uns auf einer Lichtung mit Holzbank wieder.

»Sind Sie öfter hier?«

Wir setzten uns.

»Watson, Sie wollen Antworten. Passen Sie auf: In dieser Situation hat es oberste Priorität, unberechenbar für den Gegner zu sein. Da wir beobachtet werden, kommt man uns ohnehin früher oder später wieder auf die Spur. Das ist ganz in unserem Sinne, aber einen gewissen Vorsprung benötigen wir, auch um Porky und Langdale Pike nicht in Gefahr zu bringen. Deshalb ist sowohl Vorsicht als auch Eile geboten. Ich höre das Motorengeräusch von Wiggins' Wagen. Nur noch ein paar Yards, dann haben wir die erste Aufgabe gemeistert.«

BRIGHTON – LONDON – BRIGHTON

Wir stiegen in den Ford und fuhren vom Feldweg zurück auf die Landstraße. Allmählich wich die Kälte aus den Gliedern, was meine Stimmung erheblich verbesserte. Wiggins schien trotz der frühen Stunde gut gelaunt.

»Erwarten Sie, dass Porky Johnson etwas über den Baron zu berichten weiß, Mister Holmes?«

»Ich denke schon, dass er nach seinem Untertauchen ein paar Quellen angezapft hat, um herauszubekommen, was vor sich geht. Ob er zum Zeitpunkt seiner Flucht wusste, wer ihm nachstellt, kann ich nicht sagen. Glücklicherweise ist er mit allen Wassern gewaschen und seine auf den ersten Blick vielleicht etwas einfältig wirkende Art hat sich über die Jahre als perfekte Tarnung erwiesen.«

»Die Unterwelt und vor allem das Hafenviertel liefern eine Fülle an Informationen und nützlichen Gerüchten. Es erstaunt mich selbst immer wieder.«

»So ist es, Wiggins. Ich bin auf Porkys Reaktion gespannt, wenn wir vor ihm stehen.«

Ich wollte von Holmes' Nachfolger wissen, wie er seine Aufgabe in Hampshire zu bewältigen gedenke.

»Das dürfte nicht allzu schwierig werden. Ich klappere die stillgelegten Industrieanlagen ab, bis die richtige gefunden ist. Danach mache ich die nötigen Untersuchungen und halte sie fest. Allerdings bin ich mir sicher, dass mein großes Vorbild wieder mal ein paar Fragen haben wird, die ich nicht beantworten kann, sich aber im Laufe der Ermittlungen als bedeutsam herausstellen werden.«

Der berühmte Detektiv schaltete sich ein.

»Stell dein Licht nicht unter den Scheffel. Es stimmt, du gehst manchmal etwas leichtfertig über Indizien hinweg, aber das Wesentliche entgeht dir nicht. Du kommst so gut wie immer ans Ziel, das ist der grundlegende Unterschied zu deinen Kollegen.«

Die Genugtuung auf Wiggins' Gesicht war auch für mich eine große Freude, denn es zeigte, dass Holmes einen aus seiner Sicht würdigen Nachfolger gefunden hatte – etwas, das ich niemals für möglich gehalten hätte. Mittlerweile waren wir von der recht schmalen Landstraße auf eine gut zu befahrende Überlandstraße gewechselt, die uns auf direktem Weg nach Brigthon bringen würde.

Langsam erwachte der Tag. Die Dämmerung hatte eingesetzt, und ich sah hinaus in die dunstige Landschaft. Die lang gezogenen Hügel mit ihren sanften, runden Formen vermittelten dem Betrachter den Eindruck, man befände sich an einem der friedlichsten Orte unserer schönen Insel. Doch die Wirklichkeit sah gerade anders aus.

Als wir schließlich vor dem Bahnhof in Brighton hielten, übergab uns Wiggins die Fahrkarten, wünschte viel Erfolg für die Mission und entließ uns in die kalte, doch angenehm frische Meeresluft des berühmten Seebades. Ich kannte Holmes gut genug, um zu wissen, dass ihn etwas beschäftigte.

»Was geht Ihnen durch den Kopf?«

»Es ist nichts, Watson, nun ja, fast nichts. Kommen Sie, wir müssen zum Zug.«

Mit einer schnellen Kopfbewegung musterte mein Freund die Umgebung.

»Ich denke, unser morgendliches Verschwinden war von Erfolg gekrönt.«

Er bestand darauf, sich zu trennen und erst im Abteil wieder zusammenzutreffen. Ich betrat den Bahnhof durch den Vordereingang, kaufte eine Morgenzeitung und erreichte wenig später den Zug. Ich nahm in dem reservierten Abteil Platz und wartete auf Holmes, der jedoch nicht auftauchte. Die Ansage folgte, dass der Zug zur Abfahrt bereit sei, dann hörte ich das Pfeifsignal der Lokomotive, die sich in Bewegung setzte. Ich stand auf und sah hinaus auf den Bahnsteig – mein Begleiter war nirgendwo zu sehen. Unruhe stieg in mir auf, obwohl ich überzeugt war, dass er gleich durch die Abteiltür treten würde. Ich nahm erneut Platz und versuchte, mich zu entspannen. Holmes wusste, was er tat, sagte ich mir, doch hielt dieses Gefühl nur kurz an, dann begann ich mir ernsthaft Sorgen zu machen. Was, wenn man ihn auf offener Straße angegriffen hatte? Ich hätte nicht von seiner Seite weichen dürfen – das hatte ich einmal getan, und wie allgemein bekannt ist, war er nur um Haaresbreite dem Tod entronnen. Ich stand abermals auf und schaute aus dem Fenster. Eine Zigarette würde jetzt guttun. Ich griff in meine Manteltasche, holte das Etui heraus und öffnete es. Eine Karte fiel mir entgegen, auf der zu lesen stand:

Machen Sie sich keine Sorgen, Watson. Es ist alles in Ordnung, aber das sollten Sie ohnehin wissen, da Sie mich besser als jeder andere kennen. Zünden Sie erst einmal Ihre Zigarette an.

Besser? Wie Sie bemerkt haben, müssen wir aus Gründen der Vorsicht getrennt voneinander reisen. Unsere Feinde sind bestens organisiert, warum also ein unnötiges Risiko eingehen? Nach Ihrer Ankunft in Croydon nehmen Sie den Hinterausgang des Bahnhofs und steigen in das dort auf Sie wartende Taxi. Wir treffen uns im Pub zum Shivering Angel in der Hilbery Street. Wenn Sie dort eintreffen, bestellen Sie sich ein Bier und fragen nach der Toilette. Alles weitere vor Ort.
Ihr SH

Ich ließ den Karton sinken. War die Situation tatsächlich so bedrohlich? Die tote Kitty Winter vor der Eingangstür des Cottage ließ eigentlich keine andere Sicht auf die Dinge zu. Ich verdrängte meine Bedenken und machte mich daran, die Zeitung zu lesen. Der Völkerbund hatte sich Anfang des Jahres in Genf konstituiert, allerdings ohne den Kriegsverlierer Deutschland, das nicht willkommene revolutionäre Sowjetrussland und den Initiator des Bundes, die US-Amerikaner. Letztere waren deshalb nicht dabei, weil Präsident Wilson gescheitert war, eine Mehrheit für den Beitritt zum Bund im Kongress zu erhalten. Eine heikle Konstellation, wodurch dieses fragile Konstrukt schon mit seiner Gründung kaum Chancen auf Erfolg hatte. Die Zukunft musste zeigen, ob der Völkerbund einen wichtigen Beitrag zum Erhalt des Friedens würde leisten können. Ich schloss die Augen und genoss die Ruhe.

Endlich näherte sich der Zug Croydon. Ich hatte seit der Abfahrt allein im Abteil gesessen. Wohl fühlte ich mich nicht bei dem Gedanken, dass uns Gruners Häscher auf den Fersen waren. Es würde schon alles gutgehen, wiederholte ich im Stillen und verdrängte meine Zweifel. Der Zug rollte auf den Bahnsteig, das Quietschen der Räder drang ins Abteil, dann kam das stählerne Ungeheuer zum Stehen. Ich beeilte mich, den Zug zu verlassen. Bei unserer Einfahrt in den Bahnhof South Croydon hatte ich einen Blick nach draußen geworfen, um mich beim Aussteigen schneller zurechtfinden zu können. Schnellen Schritts ging ich bis zum Ende des Bahnsteigs, überquerte das Gleis und erreichte den Hinterausgang. Beim Betreten der Seitenstraße fiel mir gleich das von Holmes angekündigte Taxi ins Auge. Ich öffnete die Wagentür, der Fahrer nannte mich Mister Morstan, der Mädchenname meiner ersten Frau Mary, was eindeutig mir und meiner Vergangenheit zuzuordnen war. Nachdem ich ihm die Adresse genannt hatte, machte er sich auf den Weg in Richtung Hilbery Street. Es nieselte leicht. Ich sah mich um – niemand schien dem Taxi zu folgen. Croydon war ein bedeutender Industriestandort: Metallverarbeitung, Automanufaktur und der Flughafen sorgten für Arbeitsplätze.

Ich war gespannt, Shinwell Johnson wiederzusehen. Seit unserem letzten Treffen waren mehr als fünfzehn Jahre vergangen. Dieser von Skorbut gezeichnete Hüne, der mit Holmes' Hilfe seine kriminelle Vergangenheit hinter sich gelassen und den Teufelskreis durchbrochen hatte, würde sicherlich einiges über Kitty Winter und den Baron zu berichten wissen. Das Taxi bog in eine kleine, recht düstere Straße ein, fuhr noch ein Stück und kam zum Stehen.

»Hier sind wir, Mister Morstan.«

»Sehr gut, danke.«

Ich bezahlte den Fahrer, wartete ab, bis der Wagen gedreht hatte und zurück auf die Hauptstraße gefahren war. Dann orientierte ich mich.

SHINWELL PORKY JOHNSON

Der Shivering Angel lag am Ende der Straße. Ich sah mich erneut nach allen Seiten um – es war niemand Verdächtiges zu sehen – und machte ich mich auf den Weg. Dass ein Pub am Morgen geöffnet hatte, erschien mir kein besonders vertrauenserweckendes Signal zu sein. Darüber würde ich mir nicht weiter den Kopf zerbrechen und mich auf Holmes verlassen. Der Shivering Angel wirkte düster, die Fensterscheiben waren schmutzig, der Industriestaub der Millionenstadt hinterließ hier eindrucksvoll seine Spuren. Als ich die Tür öffnen wollte, war diese zu meinem Erstaunen verschlossen. Gleich darauf jedoch hörte ich, wie sich der Schlüssel im Schloss drehte und die Eingangstür aufschwang. Vor mir stand einer dieser grobschlächtig aussehenden Wirte, die typischerweise Arbeiterpubs betrieben, wofür zweifellos ein gerüttelt Maß an Durchsetzungsvermögen die Voraussetzung bildete.

»Was wollen Sie?«, bellte er mich an.

»Mein Name ist John Watson.«

Ich erinnerte mich an Holmes' Anweisung.

»Kann ich ein Pint von Ihrem besten Bier bekommen? Und die Toilette müsste ich benutzen.«

Sein Blick hellte sich auf.

»Kommen Sie, Doktor. Porky wartet schon.«

Er ließ mich durch, warf einen routinierten Blick nach draußen und verschloss die Tür. Die Wirtsstube war eng und der Geruch nach kaltem Rauch und Bier schien in jede Pore des Mobiliars gedrungen zu sein. Tische und Stühle standen wahllos herum. Wir gingen am Tresen vorbei und erreichten einen Gang, an dessen Ende sich eine schmale Treppe befand. Während der Wirt die Stufen nach oben stieg, ächzte er bei jedem Schritt. Im ersten Stock angelangt, führte er mich zur zweiten Tür auf der linken Seite des Flurs, drehte sich zu mir um und bemerkte in jetzt deutlich freundlicherem Ton:

»Porky ist da drin, er erwartet Sie. Hoffen wir mal, dass die Sache kein blutiges Ende nimmt.«

Dann ging er den Flur zurück zur Treppe und die Stufen nach unten, ohne sich noch einmal nach mir umzudrehen. Das musste Porkys Kumpan aus vergangenen Tagen sein. Ich klopfte. Es dauerte eine Weile, dann vernahm ich Geräusche und die Tür wurde geöffnet. Vor mir stand Shinwell Johnson wie ich ihn kannte, in dem geröteten, aufgedunsenen Gesicht ruhten wache, in diesem Moment jedoch müde Augen. Johnson war nach wie vor ein Koloss von einem Mann. Das Alter hatte ihm allem Anschein nach zugesetzt, doch wirkte er nach wie vor kraftvoll.

»Doktor, schön, dass Sie's hergeschafft ham. Mister Holmes war schon hier, musste aber noch mal weg. Er kommt gleich wieder, hat er gesagt.«

»Wie ist es Ihnen denn in den ganzen Jahren ergangen, Porky? Es ist schon eine halbe Ewigkeit her, dass wir uns das letzte Mal gesehen haben«, begann ich das Gespräch.

»Ich will nicht klagen. Und bis vor'n paar Tagen lief auch alles wie immer, aber dann ist die Hölle losgebrochen«, er klang besorgt, fast wehmütig. So hatte ich ihn noch nie erlebt.

Holmes musste ihm von Kitty Winters Ermordung erzählt haben. Ich selbst würde das Thema nicht ansprechen.

»Wollen Sie 'nen Drink? Ich hab Whiskey da.«

Ich konnte unmöglich ablehnen.

»Ja, bitte.«

Erst jetzt warf ich einen Blick in das Zimmer, dessen karge Einrichung aus einem Nachttisch, einer Holzpritsche und einem Schemel bestand.

»Wie lange sind Sie schon hier?«

»Zwei Tage, Doktor. Es war haarscharf, dass ich davongekommen bin. Einen von denen hab ich ganz gut vermöbelt. Der war dann erstmal weggetreten, und ich hab mich aus'm Staub gemacht. Sind harte Jungs. Die waren auf einmal in der Gegend, ganz ohne Vorwarnung. Aber der alte Porky spürt, wenn 'was nicht stimmt. Dumme Fragen stellen, geht schneller 'rum als'n Flächenbrand. Die tauchen früher oder später auch in Croydon auf, vor allem jetzt, wo Mister Holmes und Sie hier war'n. Ich tät's auch drauf ankommen lassen, aber ich will Tinsley da nicht mit reinziehen.«

Damit war zweifelsohne der Wirt des Shivering Angel gemeint.

»Das kann ich gut verstehen. Holmes hat einen anderen Unterschlupf für Sie gefunden.«

»Weiß ich schon, bin gespannt, was er ausgeheckt hat.«

Ohne Ankündigung ging die Tür auf und ein heruntergekommener Arbeiter stand im Raum. Lederkappe, Arbeitshosen, schmutziges Gesicht und verquollene Augen, dazu stank der Mann nach Branntwein. Ich wollte aufspringen und die Waffe ziehen, aber Johnson hielt mich zurück.

»Nicht doch, Doktor, woll'n Sie etwa Ihrem besten Freund 'ne Kugel verpassen? Das ist doch Mister Holmes. Er ist vorhin in diesem Aufzug zu mir reingekommen und auch so wieder losgezogen. Kaum zu glauben, oder?«

Sein schweres Lachen erfüllte den Raum.

»Da kann ich ja von Glück sagen, dass Porky Sie aufgehalten hat, Watson«, ertönte die wohl vertraute Stimme meines Freundes.

»Wie sind Sie so schnell hergekommen?«, wollte ich wissen.

»Wiggins hat mich gefahren. Ich musste wissen, ob man uns schon von Brighton aus folgt und wie groß unser Vorsprung ist. Wir haben einen kurzen Zwischenstopp eingelegt, und ich zog mich um.«

Er holte sein silbernes Etui hervor, bot uns Zigaretten an und nahm sich ebenfalls eine. Dann führte er weiter aus.

»Ich bin mit Wiggins erst noch am Bahnhof geblieben. Wir haben bei unserem Aufbruch heute Morgen gute Arbeit geleistet, Watson, denn es ist niemand Verdächtiges aufgetaucht. Dennoch sollten wir uns nicht zu sicher fühlen, aber zwei bis drei Stunden Vorsprung haben wir in jedem Fall.«

Holmes wandte sich Johnson zu und forderte ihn auf, alles über Kitty Winter zu erzählen, was ihm in den Sinn kam. Der schluckte ein paar Mal, dann gelang es ihm, seine Emotionen in den Griff zu bekommen.

»Ich fang am besten ganz von vorne an. Nach'm Prozess hat Kitty erst wieder ganz normal gearbeitet. Aber das ging nicht lange so, jemand hat sie unterstützt, ihr finanziell unter die Arme gegriffen. Nach 'ner Weile hat Kitty die Arbeit hingeschmissen und ist aus'm Viertel weggezogen.«

Holmes unterbrach ihn.

»Weißt du, um wen es sich handelt?«

Der große Mann sah uns an und schüttelte langsam den Kopf.

»Jemand aus besseren Kreisen, muss aber ein feiner Kerl sein. Kitty hat sich nach und nach verändert, also nix Schlechtes, aber sie war irgendwie rausgewachsen aus dem ganzen Mist und hat angefangen, die Mädchen zu unterstützen. Mit Medikamenten und so weiter.«

»Das wissen wir schon«, kürzte Holmes ab und bat Johnson zu beschreiben, wie er sich den geheimnisvollen Wohltäter vorstellte.

»Hmm, älter, wie gesagt und aus guten Kreisen. Geld hat keine Rolle gespielt. Wie sie sich kennengelernt ham, weiß ich nicht. Kitty hat nix drüber verloren, kein Sterbenswörtchen. Muss'n unglaublicher Glücksfall gewesen sein.«

»Porky, eine Sache noch, den Kerl, den du verprügelt hast, was kannst du mir über ihn sagen? Gab es irgendwelche Auffälligkeiten? Hatte er eine Tätowierung? War er Engländer? Und wenn nicht, was für einen Akzent hat er gehabt? Erzähl' einfach alles, was dir einfällt.«

»Ich nehm mir noch 'nen Drink. Woll'n die Herrn auch einen?«

»Warum nicht«, ermunterte ihn Holmes.

Der Hüne stand auf, holte den Whiskey, ein weiteres Wasserglas für meinen Gefährten und schenkte uns großzügig ein.

»Auf Kitty. Und darauf, dass Sie die Schweine kriegen, die ihr das angetan ham.«

Wir stießen an und tranken. Nicht gerade eine Wohltat am Vormittag, aber wenn es Shinwell Johnson guttat, sollte es mir recht sein.

»Der Kerl hatte sich wohl schon hier und da erkundigt gehabt, dann kam er in den Roten Baron, wo ich ja ab und zu noch aushelfe. Sie kennen die Spelunke doch ganz gut, oder Mister Holmes?«

Der nickte.

»Also, er kam rein und ich wusste gleich, dass das Schwierigkeiten geben würde. Man sieht's den meisten Typen an, die ham 'was Linkisches im Blick. Er hat gefragt, ob ich einen Johnson kenne, und wo er den finden kann.«

»War er Engländer, Porky?«

»Nein, der hatte 'nen Akzent, klang irgendwie hart und hatte trotzdem Melodie. Deutsch war's nicht, aber irgendwie ähnlich.«

Holmes saß da und sah zur Decke, als würde er versuchen, sich etwas ins Gedächtnis zu rufen. Dann lehnte er sich vor und sagte in harten, etwas in die Länge gezogenen Worten:

»Ich suche einen Johnson. Kennen Sie den?«

»Genau so klang der!«, ereiferte sich unser Gegenüber. »Woher kennen Sie den Kerl?«

»Ich kenne ihn nicht, Porky, aber ich weiß, wer ihn geschickt hat. Nach deiner Beschreibung sind die beiden Landsleute. Hatte er irgendetwas Auffälliges an sich?«

»Keine Tätowierung, sah ziemlich normal aus. Nur 'ne Art Wanderstock hatte er dabei.«

»Den hättest du zu spüren bekommen, wenn er dich schnell genug erkannt hätte.«

Johnson lachte dröhnend.

»Dazu hätt' er mich erstmal kriegen müssen, und wenn's ums Prügeln geht, kann ich ganz gut meinen Mann steh'n.«

»Was ist dann passiert?«

»Ich hab ihm gesagt, dass ich diesen Johnson kenne und er gleich vorbeikommt. Er soll sich doch bis dahin noch'n Bierchen gönnen. Der Kerl hat sich an 'nen Tisch gesetzt, ich hab das Bier gemacht, und als ich's ihm hingestellt hab, gab's 'nen kräftigen Schlag in den Nacken, wie bei 'nem Karnickel. Dann noch zwei, drei hinterher, um ganz sicher zu gehen. Das war's. Der war fertig, völlig weg. Ich hab ihm seine Taschen durchsucht und das hier gefunden.«

Er kramte einen gefalteten Zettel hervor, den er Holmes in die Hand drückte.

»Ich konnte außer meinem Namen nix lesen. Da wusste ich, dass es höchste Zeit war, zu verschwinden.«

»Eine Anweisung auf deutsch. Er sollte dich ausfindig machen und dann seine Komplizen holen.«

»Dafür hätt' er ein paar Takte cleverer sein müssen.«

»Man kann sich eben auf dich verlassen, Porky.«

Holmes zog nun seinerseits einen Zettel aus seinem Mantel und gab ihm Johnson.

»Geh zu dieser Adresse hier, da bist du sicher. Du bleibst so lange dort, bis ich dir Bescheid gebe.«

Johnson nickte und stand auf.

»Ich pack' mal mein Zeug zusammen und mach mich auf den Weg.«

Holmes setzte sich an den Waschtisch, säuberte sein Gesicht und zog sich anschließend um.

»Porky, wenn irgendetwas sein sollte, meldest du dich bei Wiggins. Und kein Risiko eingehen!«, bestimmte der Meisterdetektiv eindringlich.

Wir verließen das Zimmer und stiegen die Treppe nach unten. Dort trafen wir auf Tinsley, der uns durch eine Seitentür nach draußen ließ. Es folgte ein kurzer Fußmarsch, dann waren wir zurück auf der Hauptstraße. Es gelang uns recht schnell, ein Taxi anzuhalten. Ich war einigermaßen überrascht, dass wir nicht etwa den Bahnhof ansteuerten, sondern direkt zu Langdale Pikes Domizil im Club in der St. James Street fuhren.

»Nun, Watson. Welche Erkenntnisse haben wir durch den Besuch bei Shinwell Johnson gewonnen?«

»Hinsichtlich des unbekannten Gönners nicht sonderlich viele.«

»Da muss ich Ihnen widersprechen. Wir wissen jetzt sicher, dass sich die beiden seit dem Fall des ›Illustren Klienten‹ um Miss Violet de Merville und Baron Gruner kannten.«

»Sie denken doch nicht etwa, dass es sich um den illustren Klienten selbst handelt?«

»Da hatte der Schöpfer allen irdischen Lebens etwas dagegen.«

»Oh, dann ist es vielleicht ...«

Holmes unterbrach mich.

»Mein lieber Watson, lassen wir uns doch von Langdale Pike aufklären, denn im Grunde können wir nur spekulieren. Ich würde vorschlagen, noch einmal unsere Widersacher zu beleuchten. Was wissen wir bislang?«

»Dass Porky Johnson einen Österreicher ausgeknockt hat.«

»Darüber dürfte kein Zweifel bestehen.«

»Und man uns ins Visier nimmt.«

»Auch da kann ich Ihnen nur zustimmen, aber das wussten wir ja bereits. Was ist das Wichtigste, worüber wir Kenntnis erhalten haben?«

»Gruner ist der Mann im Hintergrund, der die Fäden zieht.«

»Davon sollten wir ausgehen. Er dürfte als Kopf der Gruppe auch der Verfasser dieser Zeilen sein. Wir können beinahe ausschließen, dass es noch jemanden gibt, der Kitty Winter tötet, einen österreichischen Schläger auf Porky hetzt und uns in die Sache hineinzieht. Ergo, der Baron oder jemand, der in seinem Auftrag handelt, ist unser Mann.«

Mittlerweile hatten wir das Zentrum Londons erreicht – die Stadt pulsierte trotz der winterlichen Temperaturen und es wimmelte von Menschen auf den Straßen und Plätzen.

»Mein ehemaliges Jagdrevier«, bemerkte Holmes und beobachtete das Treiben außerhalb des Taxis.

»Sind Sie froh, dass es vorbei ist?«

»Diese Frage ist nicht leicht zu beantworten. Ich habe mich damals nach Ruhe gesehnt, nach einem Ort, der mein rastlos arbeitendes Gehirn auf andere Weise stimuliert.«

»Sie haben sich sehr zu ihrem Vorteil verändert, würde ich meinen.«

Holmes schwieg, sah mich an und runzelte die Stirn.

»Wie darf ich das verstehen?«

»Sie wirken ausgeglichener und entspannter als zu früheren Zeiten. Die Bienenzucht und das Landleben haben Ihnen gutgetan, soweit ich das beurteilen kann.«

»Und doch bleibt ein Jäger immer ein Jäger.«

»Heißt das, Sie haben in den letzten Jahren weiterhin Fälle bearbeitet?«

»Gelegentlich, wenn es sich ergab. Als Wiggins sich detektivisch auszuzeichnen begann und mich ab und an um Rat fragte, interessierte ich mich wieder mehr für mein altes Tätigkeitsfeld. Ich gebe es unumwunden zu, es bereitet mir eine gewisse Freude, von ihm bei schwierigen Fällen konsultiert zu werden. Besonders genieße ich, nicht selbst auf die Pirsch gehen zu müssen.«

»Somit sind Sie endlich ein rein beratender Detektiv, etwas, das Sie zwar immer angestrebt haben, aber aus verständlichen Gründen nie in vollem Maße umsetzen konnten.«

Holmes lachte auf.

»Sie liegen mit Ihrer Beobachtung gar nicht schlecht. Ja, man könnte tatsächlich sagen, dass ich zum ersten Mal in meiner Karriere nur beratend fungiere. Ausgesprochen angenehm und das beste Mittel gegen ennui, Watson.«

»Soll das heißen, Sie haben der siebenprozentigen Kokainlösung abgeschworen?«

»Das habe ich, Doktor. Es sei denn, Sie löchern mich weiter mit Fragen, dann werde ich vielleicht wieder rückfällig.«

»Reden Sie nicht so ein albernes Zeug, Holmes. Das steht Ihnen schlecht zu Gesicht.«

War es nicht genau diese Unterschiedlichkeit, die unsere Freundschaft so außergewöhnlich machte? Ich sah Holmes an, er war gealtert, aber beileibe kein Greis. Der brillanteste der Detektive war im Laufe der Jahre zu einem lebenden Mythos geworden. Sicherlich hatte seine übermenschlich erscheinende Rettung am Reichenbachfall dazu beigetragen, wie auch, und das sage ich nicht ohne Stolz, meine Beschreibung dieses Umstandes und seiner Fälle. Der Name Sherlock Holmes war zum Synonym für den modernen Ermittler geworden.

»Ich denke, Ihre Fallbeschreibungen sind der vorrangige Grund für diese, in mancherlei Hinsicht, enervierende Aufmerksamkeit.«

Hatte ich etwas anderes als eine solche Bemerkung erwartet? Nicht wirklich. Nur, wie war es ihm gelungen, auch jetzt wieder meine Gedanken zu lesen? Ich blieb meinem gefassten Vorsatz treu und fragte nicht nach. Doch Holmes ließ sich dieses Mal gar nicht erst bitten.

»Sie haben sich auf der Brücke ein Stück nach vorne gelehnt und zu der an dieser Stelle recht tief unter uns fließenden Themse geschaut. Dann Ihr schneller Blick zu mir herüber und das kurze Grübeln, das ich bei Ihnen, mein lieber Watson, wieder und wieder beobachten durfte, wenn Sie am Sekretär in der Baker Street saßen und Ihre literarischen Versuche über unsere Fälle verfassten.«

»Diese Versuche, wie Sie es nennen, haben Ihren Ruhm mitbegründet, Holmes.«

»Sie wissen, was mir dieser Ruhm bedeutet?«

»Mehr als Sie zuzugeben gewillt sind. Wir sind gleich da«, stellte ich fest, ohne weiter auf seine Äußerung einzugehen.

Er klopfte mir auf die Schulter, was ich als Eingeständnis seinerseits wertete. An solch eine Geste wäre in früheren Zeiten nicht zu denken gewesen. Das Taxi hielt, ich bezahlte den Fahrer, und wir stiegen aus.

LANGDALE PIKE

Es regnete, als wir die St. James Street überquerten und zum Portal des Clubs gingen. Im Foyer erledigte ein Bediensteter die Formalitäten; wie sich herausstellte, wurden wir bereits erwartet. Ein Angestellter brachte uns zu einem der großen Erkerfenster des Clubs, wo Langdale Pike wie seit Jahr und Tag residierte. Dieser stets nach der neuesten Mode gekleidete, elegante Herr mit dem hintergründigen Blick und dem gewinnenden Lächeln, bat uns Platz zu nehmen. Pike hatte sich kaum verändert, Kleidung und Aussehen waren wie eh und je tadellos. Da wir uns aus der Vergangenheit bestens kannten, bedurfte es keines einführenden Small Talks, um sich miteinander vertraut zu machen.

»Ich habe Ihre Nachricht erhalten, Holmes. Es hat mich ein wenig mehr Initiative gekostet als ursprünglich angenommen, um an die gewünschten Informationen zu gelangen. Und wie zumeist, sobald man den richtigen Ansprechpartner gefunden hat, klären sich die offenen Fragen recht schnell. Kitty Winter ...«, sagte er betont langsam, wartete kurz ab und sprach weiter.

»War das nicht die junge Frau, die diesen weltgewandten Baron Gruner so schwer verletzte? Hat Gruner nicht einen harten, geraden Mund, den er durch seinen Schnurrbart verdeckt?«

»Ausgezeichnet beobachtet, Pike. Mund, Nase und Hände sind nun einmal besonders aufschlussreich bei der Studie des

Charakters«, kommentierte Holmes und nickte unserem Gastgeber anerkennend zu.

Der Sensationsreporter fuhr fort.

»Das ist eine halbe Ewigkeit her, beinahe zwanzig Jahre würde ich sagen.«

»Es ist immer wieder beeindruckend, wie es Ihnen gelingt, diesen unsäglichen Wust an Klatsch abrufbar zu haben.«

»Man muss es lieben, Holmes. Wie mit allen Dingen, aber das brauche ich Ihnen oder dem guten Doktor nun wirklich nicht zu sagen.«

Mir fiel schlagartig ein, dass niemand außer Shinwell Johnson und uns wusste, dass Kitty Winter tot war. Wie würde Holmes damit umgehen?

»Was also haben Sie über Kitty Winters Leben herausbekommen?«

»Ich möchte es einmal so ausdrücken, sie hat sich recht bald nach der Gruner-Affäre verändern können, arbeitete nicht mehr in ihrem alten Gewerbe und zog in eine deutlich bessere Wohngegend. Allerdings kümmert sie sich bis heute um ihre ehemaligen Kolleginnen.«

»Ein Gönner«, bemerkte Holmes knapp.

»Eine Art Wohltäter, würde ich es eher nennen«, präzisierte Pike und setzte nach einer wohldosierten Pause hinzu, »kein Liebhaber, soweit meine Informationen reichen.«

»Ein väterlicher Freund, der Miss Winter aus ihrer misslichen Lage befreite.«

»Ja, so könnte man das durchaus umschreiben.«

»Mein lieber Pike, wir werden Sie natürlich vorab informieren, sollte sich etwas Interessantes ergeben, das Material für

Ihre Kolumne bietet«, schickte Holmes vorweg, bevor er die nächste Frage stellte.

»Um wen handelt es sich?«

Mir fiel auf, dass mein Begleiter den Ausdruck Klatschspalte vermied, um den Reporter nicht herabzusetzen. Ein geschickter Zug, wie ich fand.

»Sie haben ihn damals getroffen, Holmes. Dieser Mann hat eine wesentliche Rolle in der Affäre gespielt.«

»Admiral de Merville war es nicht gewesen. Und der so genannte illustre Klient weilt nicht mehr unter den Lebenden«, warf ich ein.

»Ganz recht, Doktor. Und doch ist der Ansatz nicht ganz falsch. Es handelt sich nämlich um einen Bekannten des Admirals, Sir James Damery.«

»Und somit schließt sich der Kreis, Watson«, fügte Holmes hinzu.

Er ging nicht weiter darauf ein, womit klar war, dass Kitty Winters Ermordung unerwähnt bleiben würde. Langdale Pike schob ihm eine Karte hin.

»Wenn Sir James sich nicht auf seinem Landsitz in Haslemere befindet, hält er sich zumeist, wie Sie sicherlich wissen, im Carlton Club auf. Die Telefonnummer seines Apparats im Club und die Adresse in Surrey finden Sie unten auf der Karte.«

Der Reporter deutete auf den Karton, der vor uns auf der Glasplatte des Tischs lag.

»Und wie gehören diese Fäden nun zusammen?«

Holmes zögerte. Ich war gespannt, ob und wie weit er Pike einweihen würde.

»Kitty Winter wird seit ein paar Tagen vermisst. Einer meiner wichtigsten Informanten während der Zeit in der Baker Street hat mich gebeten, ein paar Nachforschungen über sie anzustellen. Er macht sich Sorgen, dass ihr etwas zugestoßen sein könnte. Diesen Gefallen konnte ich ihm unmöglich abschlagen.«

»Ich werde das Gefühl nicht los, dass die Geschichte größer ist, als Sie es augenblicklich zugeben möchten, Holmes. Aber gut, lassen wir das. Hoffentlich helfen Ihnen die Informationen weiter.«

»Ich werde Sie umgehend in Kenntnis setzen, wenn sich etwas Berichtenswertes ergibt.«

»Sie haben mich nie enttäuscht. Ich werde also hier sitzen, etwas trinken, ein paar Artikel schreiben und warten, bis mich weitere Neuigkeiten erreichen.«

Der Detektiv nahm die Karte an sich. Wir bedankten uns bei dem stadtbekannten Reporter und verließen ihn. Im Foyer des Clubs ließ sich Holmes eine telefonische Verbindung zum Carlton Club herstellen, doch war sein Anruf nicht von Erfolg gekrönt. Der Colonel hielt sich wohl auf seinem Landsitz auf.

Während der Fahrt mit dem Taxi zur Victoria Station setzte mich mein Mitstreiter über unser weiteres Vorgehen in Kenntnis.

»Es ist unabdingbar, dass wir sofort mit Sir James sprechen. Er dürfte neben Porky am ehesten Einzelheiten über Kitty Winter kennen.«

»Sie wollen herausfinden, ob ihr die Gefahr bewusst war, in der sie sich befand.«

»Auch das, ja. Wir wissen einfach noch zu wenig.«

Am Bahnhof kauften wir Fahrkarten und verließen gegen halb zwei mittags die Millionenstadt mit dem Gefühl, dass die Zusammenhänge außerordentlich kompliziert waren, ganz so, wie es sich bereits angedeutet hatte. Vor meinem Fenster zogen die Straßen und Plätze vorbei. Der eiserne Leviathan bewegte sich in südliche Richtung, passierte die besseren Wohngegenden, bis wir die Industrieviertel erreichten – endlos sich aneinanderreihende kleine Häuschen, die Seite an Seite Spalier standen. Gräulich schimmernde Luft verschleierte diese trostlose Welt und vermittelte den Eindruck, dass jene Menschen, egal, welche Anstrengung sie unternahmen, die heruntergekommenen Hinterhöfe der Ausbeutung nie verlassen würden.

»Holmes, finden Sie es nicht auch empörend, dass ein erheblicher Teil unserer Gesellschaft unter diesen Bedingungen leben und arbeiten muss?«

»Ich gebe Ihnen völlig recht, aber war es denn je anders, lieber Freund? Immerhin stehen die Menschen in einigen Teilen der Welt auf: Die Revolution der Arbeiterklasse kommt!«, er machte eine bedeutungsvolle Pause, »und wird vermutlich auch wieder gehen.«

»Wenn dieser Stalin in Russland an die Macht kommen sollte, wird es Probleme geben«, merkte ich an.

»Das wird es so oder so.«

Holmes begann leise vor sich hinzusummen. Erst war nicht herauszuhören, was er da anstimmte, dann meinte ich Die Internationale zu erkennen, das Kampflied der sozialistischen Arbeiterbewegung. Dabei lächelte er über das ganze Gesicht.

Es lag an mir einzuschätzen, ob er damit Zustimmung oder beißende Ironie signalisierte.

Die Zugreisen mit ihm hatte ich während unserer gemeinsamen Zeit in der Baker Street fast ausnahmslos genossen. Meist waren wir irgendeinem geheimnisvollen Verbrechen auf der Spur gewesen. Ich sah zu meinem langjährigen Vertrauten hinüber, der die Augen geschlossen hatte – bestimmt war er in die Analyse der bislang bekannten Fakten vertieft. Ich versuchte, mich zu erinnern, welcher der letzte Fall gewesen war, zu dem wir per Zug gereist waren – und kam nicht darauf. Mich ließ die Frage nicht los.

»Holmes, wann waren wir das letzte Mal per Zug wegen eines Falls unterwegs?«, fragte ich ihn, doch er antwortete nicht.

Richtig, der große Detektiv war in seine Überlegungen vertieft. Ich entschuldigte mich, aber auch jetzt reagierte er nicht. Dann endlich fiel es mir auf, Holmes war nicht etwa am Nachdenken, sondern eingenickt.

SIR JAMES DAMERY

»Haben Sie denn auch ein wenig geruht?«, erkundigte sich mein Gefährte, nachdem er kurz vor Haslemere aufgewacht war, sich streckte und eine Zigarette aus seinem Etui herausfingerte.

Ich verneinte und erklärte es mit meiner Anspannung.

»Ich möchte Sie nicht weiter verunsichern, doch wir müssen mit deutlich brenzligeren Situationen rechnen.«

Mein Blick verriet ihm, dass ich nicht recht einschätzen konnte, was genau er im Sinn hatte.

»Watson, kommen wir zu Sir James. Er hält engen Kontakt zu den mächtigsten Männern des Landes und dürfte uns in verschiedener Hinsicht helfen können. Allerdings wird ihn die Ermordung von Kitty Winter ziemlich mitnehmen.«

»Zwischen den beiden bestand wohl ein recht enges Verhältnis.«

»Darüber kann kein Zweifel bestehen. Außerdem sollten wir, nach allem, was wir wissen, Sir James vor dem Baron warnen. Dieser wird bestimmt nicht davor zurückschrecken, auch ihn zu bedrohen.«

»Glauben Sie wirklich, dass er so weit geht? Das kann ich mir kaum vorstellen.«

»Da sein Motiv nach wie vor im Dunkeln liegt, könnte späte Rache zu eng gefasst sein, was wiederum bedeutet, Gruners Plan ist womöglich tiefgründiger und kalkulierter, als wir bislang vermuteten. Warum nicht denjenigen attackieren, der damals als Vermittler fungierte? Gut, dass wir keine Zeit verloren haben.«

»Demnach dient unser Besuch als eine Art Vorsichtsmaßnahme.«

»Und um zusätzliche Informationen zu sammeln. Gedulden Sie sich noch etwas, in Kürze dürften wir mehr erfahren. Wir sind gleich in Haslemere.«

Am Bahnhof angekommen, stiegen wir in eine Droschke und ließen uns zum Sitz des bekannten Adeligen bringen. Das malerische Haslemere lag wie eine Perle eingebettet in der hügeligen Graslandschaft von Surrey. Auf einer Anhöhe außerhalb des Städtchens in westlicher Richtung thronte das Anwesen von James Damery. Wir bogen von der Landstraße ab, dann schlängelte sich der Einspänner einen mit Büschen umrankten Weg die Zufahrt zu Cedar Hall empor. Alles um uns herum wirkte wie ein bukolisches Idyll, ganz besonders, wenn man sich die Eindrücke der Arbeiterviertel Londons ins Gedächtnis rief. Wir stiegen aus und die Kutsche entfernte sich. Holmes, der während der letzten Minuten noch gut gelaunt schien, wirkte mit einem Mal abwesend und war hoch konzentriert. Er studierte Spuren auf dem gekiesten Vorplatz, deutete auf Abdrücke und sprach leise mit sich selbst. Dann forderte er mich auf, ihm zu folgen und lief schnellen Schritts rechts um das Haus herum, woran sich der Garten anschloss.

»Was haben Sie denn, in Gottes Namen?«

Ich konnte ihm kaum folgen und erreichte ihn erst hinter dem Haus. Alles schien nach meinem Dafürhalten in bester Ordnung zu sein, ich konnte die Unruhe meines Freundes nicht nachvollziehen. Der berühmte Detektiv sah für einen kurzen Moment alt und grau aus, als er sich mir zuwandte.

»Ich fürchte, wir kommen zu spät«, murmelte er.

»Zu spät? Hier ist doch alles in bester Ordnung«, antwortete ich ebenfalls mit gedämpfter Stimme.

»Du meine Güte, Watson. Fällt Ihnen gar nichts auf? Wo sind die Angestellten? Uns hat niemand in Empfang genommen, als wir eintrafen. Außerdem gibt es auf dem Vorplatz frische Reifenspuren eines Wagens und Fußabdrücke mehrerer Männer, die ausgestiegen sind. Haben Sie die Waffe griffbereit?«

Ich nickte.

»Kommen Sie«, Holmes näherte sich einer einfachen Holztür auf der Rückseite des Hauses und deutete auch hier auf Spuren im Kies. »Heute Morgen haben vier Männer Cedar Hall einen unangemeldeten Besuch abgestattet. Zwei von ihnen sind durch die Vorder- und zwei durch die Hintertür ins Haus gelangt.«

»Sie denken doch nicht etwa ...?«

»Ich denke nichts, ich stelle lediglich fest, Watson.«

Mit Bedacht öffnete er die Tür und trat ein, ich folgte ihm. Wir warfen einen Blick in das Arbeits- und das Herrenzimmer. Ein paar Stühle standen nicht an ihrem Platz und die Klappe des Sekretärs war geöffnet. Außerdem lag eine Vase zerbrochen auf dem Holzboden. In der Küche fanden wir zur Hälfte geschälte Kartoffeln und ungeputztes Gemüse – ein klares Zeichen dafür, dass man die Arbeit hatte unterbrechen müssen.

»Was hat das zu bedeuten, Holmes?«

»Nichts Gutes. Wir werden die Hausangestellten vermutlich zusammengepfercht in einem der Räume finden. Lebend, wie ich hoffe. Im Falle von Sir James habe ich da leider meine Zweifel.«

»Das kann doch nicht wahr sein!«

Holmes' Miene signalisierte mir das Gegenteil. Schließlich entdeckten wir die verängstigten Angestellten gefesselt in einem Zimmer im oberen Stock. Mein Gefährte beauftragte den Fahrer des Adeligen, die Polizei zu benachrichtigen. In der Zwischenzeit befragte er Banes, den Butler von Sir James. Dieser wusste zu berichten, dass ein Wagen mit vier maskierten und bewaffneten Männern gegen neun Uhr das Gut erreicht hatte. Sie schienen genau zu wissen, wer sich wo aufhielt. Schnell und unaufgeregt trieben sie die Hausangestellten in einem der oberen Räume zusammen, fesselten und knebelten sie. Was mit Sir James passiert war, konnte Banes nicht sagen, alles sprach jedoch dafür, dass man ihn entführt hatte. Die Beschreibung der Männer ergab, dass drei von ihnen groß und stämmig gebaut waren, der vierte hingegen etwas kleiner war und das Kommando führte.

Die Eindringlinge hatten untereinander kaum gesprochen, und wenn, dann habe es deutsch geklungen, so der Butler. Wir hatten es offenkundig mit Gruners Spießgesellen und mit ihm selbst zu tun. Schließlich traf die örtliche Polizei ein. Der Aufruhr wegen der Tat war beträchtlich, und Scotland Yard wurde augenblicklich eingeschaltet. Uns kam zugute, dass Holmes selbst nach Jahren im Ruhestand noch immer einen ausgezeichneten Ruf bei der Polizei besaß, weshalb man sich damit zufriedengab, ihn stellvertretend für uns beide von einem Constable befragen zu lassen. Im Anschluss daran bot man uns eine Fahrt zum Bahnhof an, die wir dankend annahmen.

Als wir schließlich im Abteil saßen und der Zug sich nach Brighton in Bewegung setzte, verlor Holmes keine Zeit, mir die Situation zu erläutern.

»Watson, ich werde Sie jetzt mit allen neuerlich aufgetauchten Fakten bekannt machen. Es ist sehr wichtig, dass sie Ihnen vertraut sind, denn der eigentliche Sturm erwartet uns erst noch.«

Diese Ankündigung hatte mir am heutigen Tag noch gefehlt.

»Ich werde mich nach besten Kräften bemühen, Ihren Ausführungen zu folgen, Holmes. Fangen Sie an.«

»Schon als wir den Vorplatz von Cedar Hall erreichten, wurde mir klar, dass etwas Ungewöhnliches vorgefallen sein musste. Es war kein Bediensteter weit und breit zu sehen, niemand empfing uns, was ziemlich befremdlich ist. Dazu die Fuß- und Reifenspuren. Ein Wagen hat auf dem Vorplatz gehalten, und vier Männer sind ausgestiegen. Wie schon gesagt, gingen zwei von ihnen zum vorderen und zwei zum hinteren Eingang des Hauses, die Fußspuren sprechen eine deutliche Sprache. Die Beobachtung deckt sich übrigens mit der Aussage des Butlers. Besonders interessant ist, dass fünf Fußspuren zum Wagen zurückführen.«

»Sir James«, platzte ich heraus.

»Davon müssen wir leider ausgehen.«

»Was denken Sie, haben diese Schurken mit ihm vor?«

Holmes sah mich an und zuckte mit den Schultern.

»Sie meinen, ob Sie ihn umbringen werden? Möglich, vielleicht aber auch nicht.«

»Diese räudigen Hunde!«, ereiferte ich mich.

»Wir werden nur mit kühlem Kopf, klarer Analyse und eiserner Disziplin diesen kaltblütigen Mördern Paroli bieten können. Ich bin sehr gespannt, was Gruner für uns vorgesehen hat, doch so weit werden wir es natürlich nicht kommen lassen.«

Mir schauderte bei dem Gedanken, gleichwohl ich in meinem Leben weder als Soldat noch als Arzt und schon gar nicht während unserer gemeinsamen Abenteuer vor lauernden Gefahren zurückgewichen war; abgesehen von dem riesigen Hound, der plötzlich aus dem Nebel auftauchte, um Sir Henry Baskerville anzufallen.

»Holmes, ich bin bereit, jedem Angriff zu trotzen.«

Er sah mich an und lächelte freundschaftlich.

»Wenn es Sie nicht gäbe, John Watson, müsste man Sie erfinden: die Krone des aufrechten, englischen Gentleman.«

Ich ging nicht darauf ein, auch wenn mich seine Worte mit Stolz erfüllten.

»Sie waren noch nicht fertig mit Ihren Erläuterungen.«

»Ja, richtig. Wie ich also im Gespräch mit Banes erfuhr, ist der Stalljunge Frank Bigby erst seit zwei Wochen auf Cedar Hall. Ein Zufall? Das musste ich unbedingt herausfinden. Also habe ich, während er befragt wurde, seine Habseligkeiten unter die Lupe genommen. Er führt ein Notizbuch über den Tagesablauf auf dem Landsitz und hält darüber hinaus akribisch fest, wo sich Sir James wann aufhält. Außerdem ist Bigby im Besitz eines Messers, eines Stück Seils, wie es zum

Fesseln der Angestellten verwendet wurde, eines Schlagstocks und einer stattlichen Summe Bargelds; alles geschickt in seiner Matratze versteckt.«

»Er gehört demnach zu Gruners Bande«, folgerte ich.

»Ohne jeden Zweifel. Es ist davon auszugehen, dass Bigby nicht mehr lange auf Cedar Hall bleiben wird. Deshalb werde ich Wiggins bitten, sich an seine Fersen zu heften.«

»Damit wird aber nicht die unmittelbare Bedrohung abgewendet.«

»Natürlich nicht, Watson, dennoch verschafft es uns einen entscheidenden Vorteil. Übrigens hat mir Sir Damerys Butler berichtet, dass Miss Winter regelmäßig zu Besuch kam.«

»Hatten die beiden doch eine Affäre?«

»Banes, der engste Vertraute von Sir James auf Cedar Hall, schließt das kategorisch aus. Der Adelige unterstützte Kitty Winter lediglich. Wir können annehmen, dass sich die beiden zur Zeit der Gerichtsverhandlung wegen der Vitriol-Attacke kennenlernten. Sir James wollte Kitty Winter persönlich treffen, um sich für sie einzusetzen.«

»Wie gedenken Sie jetzt weiter vorzugehen?«

»Dass wir so kurz nach der Entführung von Sir James auf Cedar Hall vorstellig wurden, zeigt Gruner, dass wir seine Fährte aufgenommen haben. Allerdings dürfte das nicht ohne Folgen für uns bleiben«, bemerkte er vielsagend.

»Hoffentlich gelingt es uns, Sir James rechtzeitig aus den Klauen dieser Halunken zu befreien.«

»Das wäre wünschenswert, kann aber nicht unsere oberste Priorität sein.«

»Holmes! Wie können Sie nur so etwas sagen?«

»Unsere Chance, ihn in den kommenden Stunden zu finden, ist minimal. Unterschätzen Sie die Gefahr nicht, Watson! Wir stehen unter Beobachtung und sind außerhalb unserer vier Wände ein leichtes Ziel für einen Angriff. Vielleicht müssen wir doch zum äußersten Mittel greifen ...«

»Zum äußersten Mittel?«, fragte ich erstaunt.

»Es ist nicht in meinem Sinn, aber manchmal geht es nicht anders.«

»Ich würde es begrüßen, wenn Sie sich klar ausdrückten.«

»Denken Sie strategisch. Wie würden Sie vorgehen, sollte sich eine Stellung als nicht haltbar erweisen?«

»Sie stärken oder sie aufgeben.«

»Da haben Sie Ihre Antwort, mein Lieber. Damit dürften Sie jetzt auch wissen, was auf uns zukommt. Wir werden aber erst einmal Wiggins' Bericht abwarten. Ich vermute, dass sich die nächsten Schritte dann von allein ergeben.«

Der Nachmittag neigte sich dem Ende entgegen und die Dunkelheit schien allgegenwärtig. Holmes war erneut eingenickt, ich hingegen konnte keine Ruhe finden. Meine Beine fühlten sich schwer an und der Rücken schmerzte – mit der körperlichen Erschöpfung wuchs die Angst. Ich fühlte mich alt und verletzlich, es kam mir mittlerweile vor, als sei diese Herausforderung vielleicht doch etwas zu groß für uns.

Immer wieder gelang es mir, die Bedenken zu verdrängen, vor allem, wenn ich an die mit Holmes bestandenen Abenteuer dachte. Gefühle sind etwas Außerordentliches, denn obwohl ich wusste, dass Jahrzehnte zwischen den damaligen Erfolgen und der aktuellen Situation lagen, so beschwingten mich diese Erinnerungen und gaben mir etwas von meiner

Zuversicht zurück. Allmählich näherte sich der Zug Brighton. Was würde Wiggins berichten? Sein Mittelsmann in Berlin hatte ihm gewiss Informationen über den Baron und dessen Aktivitäten der letzten Jahre übermittelt. War es dem talentierten Detektiv gelungen, das Gelände ausfindig zu machen, auf dem man Kitty Winter festgehalten und aller Wahrscheinlichkeit nach ermordet hatte? Holmes würde zweifellos dort hinfahren wollen, um den Ort in Augenschein zu nehmen. Schließlich erreichten wir die Außenbezirke des berühmten Seebades. Mein langjähriger Freund erwachte aus seinem Dämmerzustand und sah zu mir herüber. Bevor er mich fragen konnte, sagte ich einsilbig:

»Verunsichert.«

»Ich kann nicht behaupten, dass es dafür keinen Grund gibt«, erwiderte er mit einem Achselzucken. »Aber das sollte uns trotz allem nicht allzu sehr belasten.«

»Das wird es nicht. Doch weckt das Beklemmende dieser Situation Erinnerungen an etwas – nur kann ich momentan nicht sagen, woran.«

»Sagen Sie mir Bescheid, wenn es Ihnen einfällt.«

Die Räder des bremsenden Zuges quietschten bei der Einfahrt in den Bahnhof. Wir stiegen aus, Holmes eilte voran zum Hinterausgang und hielt ein vorüberfahrendes Taxi an. Nur wenige Minuten später hatten wir Brighton bereits hinter uns gelassen und waren auf dem Weg in Richtung Eastbourne. Ich drehte mich ein paar Mal unauffällig um, es schien uns niemand zu folgen. Während der Fahrt wurde ich immer müder. Noch einen Brandy am wärmenden Feuer, dann endlich schlafen. Das würde mich wieder auf die Beine bringen.

... UND ZWEITENS ALS MAN DENKT

Lediglich das Motorengeräusch des Wagens durchbrach die nächtliche Stille. Wir hatten mittlerweile Seaford passiert, die Fahrt würde also nicht mehr lange dauern. Der wohlverdiente Branntwein am Kamin und dazu eine von Holmes' kubanischen Zigarren würden mich für diesen aufreibenden Tag entschädigen. Die Sicht wurde merklich schlechter, es lag Dunst in der Luft. Ein Auto kam uns entgegen und verschwand in der Dunkelheit. Bald darauf fragte der Fahrer meinen Gefährten, ob er die nächste Abfahrt nehmen müsse, was dieser bejahte. Holmes kramte sein Notizbuch hervor und notierte etwas. Es ging noch etwa drei Meilen geradeaus bis zum Cottage. Wir zahlten und das Taxi fuhr davon. Einen Augenblick standen wir einfach nur da und genossen die Ruhe.

Als ich Holmes etwas sagen wollte, machte er eine abwehrende Handbewegung, zog seine Taschenlampe hervor und ging den Vorplatz ab. Plötzlich blieb er stehen, starrte auf den Boden und begann wie ein Jagdhund Witterung aufzunehmen. Dieses Verhalten hatte ich unzählige Male bei ihm beobachtet. Flüsternd bat er mich, zu ihm zu kommen.

»Sehen Sie, Watson, hier, hier und hier«, dabei deutete er auf schwache Reifenspuren im Lichtkegel vor uns. Die Erregung in seiner Stimme war deutlich zu hören.

»An dieser Stelle hielt ein Wagen. Das ist kaum länger als eine Viertelstunde her, denn die Feuchtigkeit der Luft hat sich noch nicht vollständig auf den aufgerauten Boden gelegt. Zwei Männer sind ausgestiegen ...«, ergänzte er und ließ das Licht der Taschenlampe um die besagte Stelle kreisen, »haben etwas aus dem Wagen gehoben und sind damit dort entlanggegangen.«

Holmes deutete auf den Kiesweg, der um das Haus herum in den Garten führte. Ich war zu keinem klaren Gedanken mehr fähig. Mein Vertrauter löschte die Taschenlampe; der durch den Dunst abgeschwächte Lichtschein des Mondes reichte aus, um sich zu orientieren. Wir gingen leisen Fußes an der linken Seite des Cottage entlang bis zur hinteren Ecke des Hauses. Hier machte Holmes Halt und sah sich um. Von unserer Position aus konnte man den Schuppen erkennen, der unbeschädigt schien. Er streckte den Kopf vor, ein kontrollierender Blick, dann betrat er den Garten und stoppte erneut: Die Verandatür zum Wohnzimmer stand offen. Er gab mir den Schlüssel und bat mich, das Cottage vom Vordereingang aus zu betreten.

Ich schlich den Weg zurück, blickte mich prüfend um, entschied, die Waffe zu entsichern und öffnete leise die Tür. Der Flur war dunkel, ich schaute in die Küche, das Bad, die Zimmer und die Abstellkammer – es war nichts Ungewöhnliches zu entdecken. Ob die Tür zum Wohnraum geschlossen oder angelehnt war, konnte man nicht erkennen. Ich machte zwei Schritte darauf zu, als mir Holmes zurief:

»Sichern Sie Ihre Waffe, Watson, und schauen Sie sich das an.« Er klang wütend und angegriffen.

Ich betrat den Wohnraum und erkannte im Licht der Gaslampe Sherlock Holmes, der sich über den Sessel am Kamin gelehnt hatte, in dem zu meiner Verblüffung Sir James saß. Ich kam näher – am Hals des Adeligen zeichneten sich deutliche Druckstellen eines Seils ab.

»Wie unschwer zu erkennen ist, hat man ihn erdrosselt«, bemerkte der Detektiv und bat mich, Lupe und Pinzette vom Experimentiertisch zu holen.

»Schließen Sie den Vorhang zum Garten, werter Freund. Das ist nun wahrlich kein Anblick für Dritte.«

»Einfach nicht zu fassen«, mehr brachte ich nicht heraus.

Erst allmählich wurde mir die Absurdität der Szene bewusst: Die erstochene Kitty Winter lag in der Kammer neben der Küche, und ihr Wohltäter, der hoch dekorierte und angesehene Colonel James Damery, saß erdrosselt am Kamin.

»Das ist der reine Hohn«, befand ich.

»Dem ist so, aber etwas anderes sollte uns in höchste Alarmbereitschaft versetzen.«

»Der Umstand, dass der Ermordete in unser Wohnzimmer gesetzt wurde«, beendete ich seinen Gedanken.

»Ja, Watson, das ist eine offene Kriegserklärung. Und der beißende Spott dieser Tat ist einfach widerwärtig.«

Erneut spürte ich diese ungeheure Beklemmung, der Druck auf meinem Brustkorb war kaum zu ertragen. Auch wenn ich zu diesem Zeitpunkt nicht wusste, was es zu bedeuten hatte, fühlte es sich für mich wie ein Weckruf aus weit zurückliegenden Tagen an.

»Sie haben wieder diesen Druck auf der Brust«, erkannte Holmes.

Ich nickte und lehnte mich an einen der Holzbalken, um zu Kräften zu kommen.

»Womöglich verrät uns die Ursache Ihrer Beklemmung das Motiv für diesen Irrsinn.«

Ich verstand nicht.

»Versuchen Sie sich zu erinnern, Watson. Dann werden wir ja sehen. Im Übrigen weisen die Fasern am Hals auf ein recht dünnes Seil hin.«

Holmes beugte sich erneut zum Hals des toten Sir James herunter.

»Es würde mich wundern, wenn hier nicht das gleiche Seil benutzt wurde, mit dem man auch die Angestellten auf Cedar Hall gefesselt hat.«

»Und was machen wir jetzt?«, fragte ich ihn.

»Mit gezogener Waffe warten und hoffen, dass es Wiggins ist, der als nächstes auftaucht.«

Während er dies sagte, lachte er spöttisch.

»Also, ich finde das nicht sonderlich erheiternd, Holmes.«

»Manchmal hilft eben nur Gelächter, Watson. Vergegenwärtigen Sie sich unsere Lage: Wir sehen uns ohne eigenes Zutun mit einer hoch kriminellen Bande konfrontiert. Alles deutet darauf hin, dass Baron Gruner für eine knapp zwanzig Jahre zurückliegende Tat, ohne erkennbaren Auslöser, an den Beteiligten Vergeltung übt. Und wir, zwei alternde Herren, müssen uns diesem Wahnsinn stellen und so tun, als seien wir der Situation gewachsen und noch immer auf der Höhe unseres Schaffens. Ich finde, das entbehrt nicht einer gewissen Ironie.«

»Was bleibt uns anderes, als den Kampf anzunehmen?«

»Mein guter alter Watson. Wäre es nicht mal wieder an der Zeit, davonzulaufen?«

»Das kann doch nicht Ihr Ernst sein, Holmes!«, stellte ich empört fest.

»Natürlich nicht, aber es braucht einen genialen Einfall. Das wird von Stunde zu Stunde deutlicher.«

»Wieso?«

»Weil hier eine Vendetta unbekannten Ausmaßes im Gange ist. Ich habe den Eindruck, der Beweggrund Gruners ist finsterer als alles, was wir uns vorzustellen vermögen.«

»Das hört sich nicht sonderlich ermutigend an.«

Ich erinnerte mich an seine ironisch gemeinte Bemerkung, holte die Waffe hervor und setzte mich. Er lachte ein zweites Mal auf und kontrollierte seine Uhr.

»Sehr gut, Watson. Wiggins müsste in Kürze auftauchen.«

Mein Vertrauter ging zum Kamin, stapelte Holz auf und machte Feuer.

»Zigarre und Brandy?«

Ich bejahte. Als wir rauchend mit einem Glas Hochprozentigem vor dem Kamin saßen, klopfte es an der Tür.

»Bin gleich zurück.«

Holmes ließ sich von mir die Pistole geben, stand auf und ging aus dem Zimmer. Ich sah mich um – die Szenerie mit dem erdrosselten Sir James, der neben mir im Sessel am Kamin saß, war gespenstisch. Was, wenn Gruners Männer der Polizei einen Hinweis gegeben hatten? Nicht auszudenken. Die Leichen mussten so schnell wie möglich aus dem Cottage gebracht und die Polizei verständigt werden. Ich hörte, wie die Tür geöffnet wurde, kurz darauf betrat Holmes mit Wiggins das Wohnzimmer. Der jüngere der beiden Detektive war überrascht, schien aber nicht schockiert.

»Wir sind zu spät gekommen«, bemerkte er auf Sir James deutend.

»Dass Gruner so weit gehen würde ...«, setzte Holmes kopfschüttelnd hinzu.

Wiggins ging zu dem Adeligen und beugte sich, wie zuvor schon sein Lehrmeister, über den Toten.

»Es wurde ein dünnes Seil verwendet, sonst sind keine weiteren Verletzungen auszumachen. Es scheint, als habe man ihn ohne viel Auflebens erdrosselt. Dennoch muss der Leichnam genau untersucht werden.«

Holmes bestätigte die Beobachtungen seines Nachfolgers.

»Stellen wir für einen Moment die beiden Toten und deren Schicksale zurück. Wiggins, was kannst du uns über Gruners Vergangenheit sagen? Und hast du das Gelände gefunden, wo man Kitty Winter festhielt?«

Während mein Gefährte seine Fragen stellte, hatte ich unserem Helfer einen Brandy gereicht. Er trank einen Schluck, zündete sich eine Zigarette an und nahm einen tiefen Zug.

»Erst einmal zu Gruner, sein physischer Zustand hat sich im Laufe der Jahre deutlich gebessert. Ihre Vermutung, dass das von Kitty Winter verwendete Vitriol bei dem Angriff auf den Baron weniger hoch konzentriert war als ursprünglich angenommen, scheint sich zu bestätigen. Enderby konnte denjenigen ausfindig machen, der ihr die Säure damals beschafft hat.«

»Was wiederum bedeutet, dass unser Gegenspieler in besserer körperlicher Verfassung ist als angenommen.«

Holmes schien sich einen Moment sammeln zu müssen.

»Welche Aktivitäten hat er verfolgt?«

»Nachdem er dank Ihres Einsatzes England verlassen musste, arbeitete er, wie von uns angenommen, für die Deutschen und später für die Mittelmächte als Spion. Sein Kontaktmann während des Weltkrieges war unser alter Bekannter, Mister Holmes.«

»Von Bork«, war dessen sofortige Antwort, was Wiggins bestätigte.

»Sowohl Gruner als auch Von Bork haben mir damals Rache geschworen, doch passiert ist nichts. Und das, obwohl beide England gedemütigt verlassen mussten.«

»Immerhin verkehrten diese Herren bis zu ihrem Ruin in den besten Kreisen unseres Landes und waren hoch angesehen«, stellte ich fest.

»Könnte das nicht doch der Auslöser für Gruners Attacken gewesen sein?«, meldete sich Holmes' Nachfolger zu Wort.

Der berühmte Detektiv legte die Stirn in Falten.

»Möglich ist es schon, aber es beantwortet nicht die Frage, warum dieser irrwitzige Ausbruch erst jetzt erfolgt. Wiggins, was kannst du über die Fahrt nach Hampshire berichten?«

»Ich habe das Gelände gefunden. Es handelt sich tatsächlich um eine stillgelegte Eisenhütte in der Nähe von Sowley Pond, rund 90 Meilen von hier entfernt.«

»Ausgezeichnet, du hast dir deinen untrüglichen Spürsinn bewahrt, den du schon während der Zeit als Irregular hattest. Konntest du Indizien finden, dass Kitty Winter dort festgehalten wurde?«

»Ja, Blutspuren, Fesseln und ein Stück Stoff, das zu Miss Winters Kleidung gehört. Sehen Sie.«

Ich erkannte den Stoff wieder, es bestand kein Zweifel.

»Wie viele Personen waren dort?«

»Wenn ich die Spuren richtig gelesen habe, dürften es drei Männer und Miss Winter gewesen sein.«

Holmes sprang von seinem Lehnstuhl auf.

»Ausgezeichnete Arbeit. Wie du schon richtig vermutet hattest, müssen wir noch mal dorthin zurück«, sein Blick fiel auf die Wanduhr, die kurz nach zehn zeigte. »Am besten jetzt gleich.«

Das war einfach zu viel für mich nach den Strapazen des heutigen Tages.

»Holmes, ich bin mit meinen Kräften am Ende. Können wir das nicht morgen früh angehen?«

»Dies scheint mir keine gute Idee zu sein. Sie bleiben hier und stellen sicher, dass niemand ins Haus eindringt«, schlug er mir vor.

Ich war einverstanden. Der Tatendrang meines Freundes überforderte mich, sein altes Feuer schien wie eh und je zu lodern, wenn die rechte Herausforderung auf ihn wartete. Zuerst verfrachteten wir jedoch die Leiche des Colonels in die Kammer neben der Küche zu der von Miss Winter. Holmes leerte noch den Rest seines Brandys und zog dann im Flur seinen Mantel über. Die beiden Detektive verabschiedeten sich und waren im nächsten Moment aus der Tür. Ich legte Holz nach, wechselte in den Schaukelstuhl und machte es mir bequem.

HAT DER WAHNSINN METHODE?

Eine Weile saß ich da und genoss den Anblick der züngelnden Flammen des Kaminfeuers. Ich sah mich um. Tatsächlich glich der Wohnraum dem in der Baker Street in vielerlei Hinsicht. Mit einem Mal waren meine Abenteuer mit Holmes wieder völlig präsent. Ich spürte eine ungeheure Vertrautheit mit diesem Zimmer. Obgleich ich in meinen Aufzeichnungen ein ums andere Mal die Zeit in der Baker Street beschrieben habe, so wurde mir doch erst jetzt, in diesem Augenblick, das volle Ausmaß dieser wundersamen Fügung bewusst. Ich schenkte mir noch einmal Brandy nach und prostete dem leeren Lehnstuhl meines Freundes zu. Dabei musste ich an den toten Sir James denken. Was hatte Holmes gesagt? Es gehe darum, das wahre Motiv Gruners herauszubekommen. Glücklicherweise wusste ich zu diesem Zeitpunkt nicht, was uns noch alles bevorstand.

Ich zermarterte mir den Kopf, versuchte mich in den Baron hineinzuversetzen – das entstellte Äußere, seine versehrte Hand und die eingeschränkte Sehfähigkeit. Ich konnte keine andere Erklärung als hasserfüllte Rache für diese wahnwitzigen Taten finden. Zudem stand die Frage im Raum, warum er die beiden Toten auf diese Weise hatte inszenieren lassen? An wem wollte er sich noch rächen? War Holmes das eigentliche Ziel? Oder wollte Gruner dem berühmten Detektiv beweisen, dass er jeden Beteiligten an den damaligen Geschehnissen aus dem Weg räumen und es niemand verhindern konnte? Eine mögliche Variante, die jedoch bedeutete, dass auch ich in den Fokus des Österreichers geraten würde, obgleich ich ihm unmittelbar nach dem Vitriol-Angriff medizinischen Beistand geleistet hatte.

Ich schreckte hoch, als mir jemand die Hand auf die Schulter legte. Es war Wiggins, der sich entschuldigte und fragte, wie es mir gehe.

»Alles in Ordnung?«, fragte ich schlaftrunken und streckte mich. »Wie viel Uhr ist es?«

»Vier vorbei, Doktor. Wir sind gerade eben aus Hampshire zurückgekommen.«

»Können wir jetzt endlich ins Bett, oder gibt es noch etwas Wichtiges zu besprechen?«

»Würdest du uns einen Tee zu machen, Wiggins?«, meldete sich Holmes vom Experimentiertisch aus zu Wort.

Der Detektiv verschwand wortlos in die Küche.

»Ist alles gut gelaufen?«, fragte ich meinen Freund.

»Wie man will«, antwortete er auf seine gewohnt kryptische Art.

Ich hielt seinen Arbeitseifer für übertrieben.

»Was kann denn bitte nicht bis morgen früh warten? Ist es unbedingt notwendig, zu nachtschlafender Zeit Experimente zu machen?«

»Ich würde mich auch gerne ein paar Stunden hinlegen.«

»Das glaube ich nicht. Sie kommen mir vor wie im Fieberwahn«, griff ich ihn an.

»Einen Fieberwahn habe ich bislang nur einmal erlebt, und zwar bei Ihnen, mein Lieber. Compton Lodge, Sie erinnern sich doch?«

Ich gab nicht auf.

»Holmes, es gibt Gründe, warum Körper und Geist regelmäßig Pausen einlegen sollten.«

»Nicht jetzt, und schon gar nicht in unserer Situation. Aber lassen wir das. Wiggins wird Ihnen sicherlich den aktuellen Stand der Ermittlung darlegen und alles Wissenswerte erläutern. Er ist sehr viel geduldiger als ich.«

»Gott möge Sie davor bewahren, aber irgendwann könnte Ihnen Ihr Verhalten einmal teuer zu stehen kommen.«

»Das ist es bereits mehr als einmal, und trotzdem wird sich daran nichts ändern. Wenn Sie mich nicht weiter aufhalten würden, ich habe zu tun.«

Damit widmete Holmes sich erneut seiner Untersuchung. Ich überwand meine Müdigkeit, stand auf und verließ den Raum. Seine Bemerkung »Schlafen Sie gut« ignorierte ich. Entgegen meiner ursprünglichen Absicht betrat ich die Küche. Wiggins war gerade dabei, den Tee aufzubrühen, als er mich sah.

»Doktor Watson, setzen Sie sich doch einen Moment zu mir an den Küchentisch. Ich bringe Ihnen eine Tasse Tee. Milch? Zitrone?«

»Mit Milch, bitte. Holmes trinkt den Tee um diese Uhrzeit übrigens schwarz.«

»Diese Vorliebe kenne ich bereits«, bemerkte er lächelnd.

Seit ich Wiggins im Fisherman's Dream nach all den Jahren wiedergetroffen hatte, beschäftigte mich die Frage, wie es ihm gelungen war, eine solch bemerkenswerte Entwicklung zu nehmen. Holmes' Protegé darauf anzusprechen, erschien mir unangemessen und aufdringlich. Bevor ich diesen Kampf mit mir ausfechten konnte, übernahm mein Gegenüber die Initiative.

»Doktor Watson, ich habe den Eindruck, Sie würden gerne erfahren, wie es mir gelingen konnte, dem Londoner Sumpf zu entkommen?«

Ich muss einen ziemlich verblüfften Eindruck gemacht haben, denn der Mann, den ich als Junge kennengelernt und dessen untrüglicher Spürsinn uns mehrfach entscheidende Hinweise geliefert hatte, lachte auf und klang dabei so jung und unverbraucht wie jemand, dem niemand seine wilde und freie Natur, mit der er allen Unbilden getrotzt hatte, je würde nehmen können.

»Das beschäftigt mich in der Tat. Ein kurzer Abriss deiner Stationen, seit ich dich aus den Augen verloren habe, wäre sehr willkommen.«

Wiggins sah mich mit einer Miene an, die ich nicht recht zu deuten wusste. In seinem Blick meinte ich eine Mischung aus Vertrauen und tiefer Unsicherheit zu erkennen. Ich entschied, ihn nicht darauf anzusprechen, denn meine Neugierde erschien mir angesichts seiner Bewegtheit beschämend banal. Entgegen meiner Erwartung begann er zu erzählen.

»Wissen Sie, wenn ich diesen Wohnraum betrete, der dem in der Baker Street so verblüffend ähnelt, fühle ich mich geborgen. Wie damals. Ich habe die Aufträge von Mister Holmes mit viel Leidenschaft und Einsatz erledigt, um Teil der Ermittlungen von Ihnen beiden sein zu können. Und sie nahmen in diesem, wie Sie ihn nennen, gemeinsamen Wohnraum, ihren Anfang. Ich hatte schon sehr früh kein Zuhause mehr und immer dann, wenn ich gerufen wurde, fühlte ich mich, als würde ich Ihnen assistieren und dazugehören. In all den Jahren, die ich erlebt habe und die mich zu dem Mann gemacht haben, der ich heute bin, trug mich dieses Gefühl der Vertrautheit, das in der Baker Street 221b herrschte.«

Ich gebe es nicht gerne zu, aber ich musste mich zusammennehmen, um keine Träne zu vergießen. Dieser ehemals dünne, vorlaute Schlacks, den Holmes anfänglich mit kleinen Aufträgen versorgt hatte und der aus dem Morast Londons emporgestiegen war, beeindruckte mich wie schon seit Jahren niemand mehr. Wiggins setzte ein weiteres Mal zum Sprechen an.

»Ich habe dann mit kleinen Jobs begonnen; Aufträge, die ein wenig denen glichen, die Mister Holmes immer für mich aufgetan hat. Ich vermute, dass er die Finger im Spiel hatte und mir, wann immer es nicht weiterging, den Weg geebnet hat, damit ich vorankommen konnte.«

Ich unterbrach ihn.

»Haben Sie Holmes einmal danach gefragt?«

Sein Lächeln und meine Kenntnis über den langjährigen Freund waren Antwort genug, er hatte ihn nie darauf angesprochen.

»Schließlich bekam ich eine Anfrage von Mycroft Holmes, für den ich als Legman unterwegs war. Er muss meine Arbeit geschätzt haben, denn er half mir dabei, ein kleines Büro zu eröffnen.«

Wieder zeigte sich das liebenswert verschmitzte Lächeln des ehemaligen Londoner Straßenjungen, woraus ich folgerte, dass er von einer Vereinbarung zwischen den beiden Brüdern ausging.

»Schließlich wandte sich Sherlock Holmes an mich, und ich darf sagen, bislang hat die Zusammenarbeit, bei der ich ab und an Nachforschungen für ihn vor Ort erledige, ausgezeichnete Resultate hervorgebracht.«

»Das ist eine wahrlich beeindruckende Geschichte. Belassen wir es erst einmal dabei, vielleicht erzählst du mir zu einem späteren Zeitpunkt den Rest deines Werdegangs.«

Mein Gefährte hatte also nebenbei weiter detektivisch gearbeitet, und außerdem als Mentor für Wiggins fungiert. Er würde letzteres zwar energisch zurückweisen, doch hatte er zweifellos für ihn so etwas wie eine Vaterrolle übernommen, auch wenn sich diese auf den Bereich der Ermittlungstätigkeit beschränkt haben dürfte. Selbst in meinen kühnsten Träumen hätte ich das nicht erwartet.

»Wiggins, was ist denn so dringend, dass es nicht bis morgen warten kann?«

»Holmes hat in Hampshire ein Messer entdeckt.«

»Vermutlich ist es das, mit dem Kitty Winter erstochen wurde.«

»Ja, aber es handelt sich um ein spezielles Modell. Diesen Messertyp bekommt man kaum auf der Insel. Er scheint anzunehmen, dass es bewusst am Tatort zurückgelassen wurde. Dieser Umstand bereitet ihm große Sorgen.«

»Denken Sie nicht, dass er etwas übertreibt?«

Der Detektiv kam mit zwei Tassen Tee an den Küchentisch und setzte sich zu mir.

»Wenn wir das Messer dort finden sollten, wovon Mister Holmes ausgeht, dann spitzt sich die Situation ganz erheblich zu.«

»Weil Gruner nach wie vor die Fäden in der Hand hält.«

»Mehr noch, er spielt Katz und Maus mit uns.«

»Was haben Sie sonst herausgefunden?«

»Dass Kitty Winter auf einem ehemaligen Fabrikgelände festgehalten wurde, wussten wir bereits. Mister Holmes geht davon aus, dass der Baron vor Ort gewesen ist.«

»Tatsächlich! Woher will er das wissen?«

»Die Abdrücke besagen, dass ein Paar Schuhe von exquisiter Qualität mit Stoßeisen beschlagen sind. Er ist sich sicher, dass Gruner bei ihrem ersten Zusammentreffen im Jahre 1902 Stoßeisen getragen hat.«

»Unglaublich, sich daran zu erinnern.«

Wiggins schob mir eine Tasse hin, er wirkte besorgt, aber gefasst.

»Der Baron hat mehrfach demonstriert, dass er sich uns problemlos unerkannt nähern kann. Das Messer als Indiz zurückzulassen, zeigt deutlich, wer aus seiner Sicht die Spielregeln bestimmt.«

Holmes hatte Recht mit seiner Einschätzung, wir mussten etwas Unvorhersehbares tun, um uns aus der Umklammerung zu befreien und den Gegner aus seinem Versteck zu locken. Die Tür ging auf, mein langjähriger Freund kam in die Küche, holte sich ebenfalls eine Tasse Tee und nahm bei uns am Tisch Platz.

»Meine Herren, wir sind an einem Punkt angelangt, an dem neue Wege beschritten werden müssen«, stellte er fest und hielt das am Tatort gefundene Messer in die Höhe.

»Und das ist der Grund dafür.«

»Was ist denn das Besondere daran?«, wollte ich wissen.

»Dieses Modell wurde auf dem Kontinent hergestellt und dürfte auf der Insel nur schwer zu finden sein.«

»Und das heißt?«, fragte ich weiter.

Wiggins kam Holmes mit seiner Antwort zuvor.

»Es bewusst am Tatort zurückzulassen, ist eine Aufforderung, sich damit zu beschäftigen.«

»Präzise. Nun stellt sich die Frage, ob wir es uns erlauben können, dem Hinweis nicht nachzugehen«, ergänzte Holmes.

»Nicht nachzugehen?«, fragte ich irritiert.

»Wir sollten die Sache auf unsere Weise anpacken. Wiggins hat sich einverstanden erklärt, Bigby auf den Fersen zu bleiben. Mit ein wenig Glück erfahren wir so frühzeitig, was die Schergen des Barons vorhaben.«

Der Meisterdetektiv zündete sich eine Zigarette an und lehnte sich zu uns vor.

»In jedem Fall wäre es ratsam, noch heute Nacht die Spielregeln zu ändern. Das bedeutet, wir verlassen das Cottage und gehen auf Reisen.«

»Wohin wollen Sie denn, in Gottes Namen?«, fragte ich reichlich verwirrt.

»Auf den Kontinent, neutrales Gebiet erreichen. Hier sind wir zu vielen Gefahren ausgesetzt und angreifbar. Das ändert sich, sobald wir nicht mehr an einem bestimmten Ort sind. Wiggins, du müsstest uns Bericht erstatten.«

»Ist in Ordnung.«

»Aber warum denn auf den Kontinent? Übernehmen wir uns da nicht?«, hakte ich nach.

»Wir werden das schon meistern, Watson.«

»Dann lege ich mich bis zum Aufbruch noch etwas hin.«

»Eine Stunde wäre vertretbar, wenn Ihnen das etwas nützt.«

»Das wird es.«

Ich zog mich zurück, Holmes blieb mit Wiggins in der Küche. Auf dem Bett liegend, schloss ich die Augen, konnte aber nicht einschlafen; zu viele Gedanken gingen mir durch den Kopf. Es erschien sinnvoll, unseren Gegnern kein direktes Ziel zu bieten, dennoch konnte ich nicht nachvollziehen, warum mein berühmter Freund auf den Kontinent reisen wollte. Hätten wir nicht nach Schottland oder Irland gehen können?

Meine Glieder fühlten sich ungeheuer schwer an – die Anstrengungen der letzten beiden Tage forderten ihren Tribut. Dass Holmes einen Plan verfolgte, stimmte mich zuversichtlich. Allerdings waren auch an ihm die Jahre nicht spurlos vorübergegangen. Wiggins auf Bigby anzusetzen, schien ein brillanter, gleichwohl riskanter Schachzug. Aber schutzlos den europäischen Kontinent zu bereisen, hielt ich für einen groben Fehler. Holmes würde man nicht umstimmen können, und ihn sich selbst zu überlassen, kam nicht infrage. War ihm bewusst, welches Risiko er einging? Schon das Übersetzen mit der Fähre stellte eine nicht unerhebliche Gefahr dar, sollten Gruners Männer mit uns an Bord gelangen. Ich musste unweigerlich daran denken, wie mein Kamerad im Zug eingeschlafen war. Nein, dieser Sherlock Holmes würde keinen Stockkampf mehr führen oder schneller als irgendjemand sonst reagieren können. Ich schloss die Augen – vielleicht war ja alles nur ein böser Traum.

DER AUFBRUCH

»Kommen Sie hoch, es wird Zeit, Watson«, bemerkte Holmes, der eine Tasse in der Hand hielt und mich ansah. Es roch nach frischem Kaffee.

»Hier, das wird Sie auf die Beine bringen. Wir müssen uns in Kürze auf den Weg machen.«

Bleierne Schwere hatte von mir Besitz ergriffen und trotzdem war an Schlaf nicht zu denken gewesen. Ich griff nach der Tasse und setzte mich mühsam auf.

»Haben Sie mit Wiggins alles Weitere besprochen?«, fragte ich ihn.

»Wir haben uns einen Plan zurechtgelegt.«

»Und dieser sieht vor, dass wir auf den Kontinent fliehen«, mein Sarkasmus war nicht zu überhören.

»Genau, auf den Kontinent. Aber wir fliehen nicht, sondern bringen unsere Gegner ein wenig ins Grübeln. Im Grunde ähnelt es einer Partie Schach, nur werden wir die Figuren nicht so bewegen, wie es die Regeln üblicherweise vorsehen.«

»Sie gehen also fest davon aus, dass der Baron damit nicht rechnet.«

»Das halte ich für sehr wahrscheinlich.«

»Beschäftigt Sie noch immer Gruners Motiv? Ich werde den Eindruck nicht los, Sie glauben mittlerweile zu wissen, was ihn antreibt.«

»Niemand kennt mich besser als Sie, Watson«, dabei lächelte er mehrdeutig. »Sollte ich mich jedoch täuschen, wäre das in der Tat fatal. Übrigens hat mich ein scheinbar unbedeutendes Detail in Zusammenhang mit dem Messer auf die rechte Spur gebracht.«

»Und?«

»Wir unterhielten uns doch gestern über den Fall des Baumeisters.«

Ich bejahte.

»Erinnern Sie sich noch an den Fingerabdruck von Jonas Oldacre, der erst Tage nach der Tat entdeckt wurde? Der vermeintlich unumstößliche Beweis, der John Hector McFarlane an den Galgen bringen sollte. Doch das Gegenteil war der Fall, denn mit dem Auftauchen des Abdrucks wurde offenkundig, dass der Baumeister falschspielte.«

»Oldacre war sich zu sicher, dass sein Plan aufgehen würde und ist übermütig geworden. Nur, was hat das mit dem Messer von Adelbert Gruner zu tun?«

»Dadurch verrät der Baron weit mehr, als ihm lieb sein dürfte, ähnlich wie damals der Fingerabdruck. Hätte er auf Herkunftsort und -jahr des Messers geachtet, ich vermute, seine Wahl wäre auf einen anderen Gegenstand gefallen.«

»Er hat demnach einen entscheidenden Fehler gemacht«, folgerte ich.

»Es sei denn, er gaukelt uns diesen Fauxpas nur vor. Das wiederum wäre ein höchst genialer Zug.«

»Ohne ein bestimmtes Risiko einzugehen, werden wir ihn wohl kaum zur Strecke bringen«, versuchte ich Holmes zuzusprechen.

»Wir werden es zu minimieren wissen.«

»Geben Sie mir fünf Minuten.«

»Ich erwarte Sie im Wohnzimmer.«

Damit war er auch schon aus der Tür. Ich spritzte mir Wasser ins Gesicht, zog mich an und brachte die leere Tasse zurück in die Küche. Anschließend nahm ich meinen Mantel von der Garderobe und betrat den Wohnraum. Mein Gefährte ging bereits ungeduldig im Zimmer auf und ab. Wiggins ergriff das Wort.

»Ich kümmere mich darum, dass die Leiche von Miss Winter zurück nach Hampshire kommt, Mister Holmes.«

»Und Sir James ...«

»... in die unmittelbare Umgebung seines Landsitzes. Danach hänge ich mich, wie besprochen, an Bigby. Halten Sie mich auf dem Laufenden, damit ich Ihnen zur Seite springen kann.«

»Eine sehr gute Idee, uns im Notfall zu Hilfe zu kommen, Wiggins. Es gibt Menschen, die zu jeder Zeit ein untrügliches Gespür für die Situation haben. Das ist, wie ich finde, eine deiner herausragenden Eigenschaften«, stellte Holmes fest und öffnete die Tür zum Garten. »Wir sehen uns in zwanzig Minuten.«

Der aufstrebende Detektiv nickte.

»Sollten Sie Doktor Watson nicht endlich einweihen? Es sieht ganz so aus, als wisse er noch nicht Bescheid, wohin die Reise schlussendlich geht.«

Er hatte meinen Gesichtsausdruck richtig gedeutet.

»Keine Sorge, Wiggins. Ich kann mich auf Holmes absolut verlassen, vor allem darauf, dass er mich so lange wie möglich im Unklaren lässt.«

Dieser schaltete sich ein.

»Es hat alles seinen Grund. Können wir jetzt endlich aufbrechen, bevor Ihnen beiden noch weitere überaus geistreiche Bemerkungen einfallen?«

»Ich hätte noch welche auf Lager«, antwortete Wiggins und grinste breit.

»Gut, dass du trotz des Ernstes der Lage den Humor nicht verlierst«, gab der Detektiv im Ruhestand zur Antwort.

Wie schon bei unserem ersten Ausfall verließen wir das Cottage durch den Garten und nahmen den Weg entlang der Felder. Wiggins würde uns auch dieses Mal mit dem Wagen am Feldweg treffen. Holmes nannte mir als Grund für die Vorsichtsmaßnahme mögliche Straßenposten des Barons. Wir kamen zügig voran, blieben von Zwischenfällen verschont und saßen schon bald auf der Rückbank von Wiggins' Auto.

»Zu welchem Bahnhof soll es denn gehen, Mister Holmes?«, wollte er wissen.

»Kein Bahnhof, Wiggins, wir setzen direkt mit der Fähre von Newhaven aus über.«

Das konnte er unmöglich ernst meinen.

»Warum ausgerechnet von Newhaven aus?«, fragte ich einigermaßen aufgewühlt, denn mir war der Ort seit unserer Flucht vor Professor Moriarty in keiner guten Erinnerung geblieben.

»Wir haben diese Strecke schon einmal gewählt und sind unerkannt auf den Kontinent gelangt. Warum also sollten wir etwas ändern?«

»Ihre Argumentation mag schlüssig sein, aber ich habe bis heute ein mulmiges Gefühl, wenn ich an jene Ereignisse zurückdenke. Es wäre mir sehr recht, wenn wir von Dover aus übersetzten.«

Ich war erstaunt über meinen energischen Ton.

»Vielleicht bin ich ein wenig voreilig gewesen«, lenkte Holmes ein. »Also gut, reisen wir über Dover«, kam er meinem Wunsch nach.

Er beugte sich nach vorn und informierte Wiggins, dass sie nicht zur Fähre nach Newhaven, sondern zum Bahnhof nach Eastbourne fahren müssten.

»Wir nehmen den Zug bis Dover und setzen von dort aus nach Calais über.«

»Wohl wegen des »Letzten Problems«?«, vermutete Wiggins sofort.

»Ganz genau. Watson hat nicht die besten Erinnerungen an Newhaven.«

Der Hafen von Newhaven war für mich unwiderruflich mit den dramatischen Geschehnissen rund um das »Letzte Problem« und den damit verbundenen düsteren Empfindungen verknüpft. Plötzlich war mir klar, wann ich diese ungeheure Beklemmung erstmals gespürt hatte.

»Holmes, es war, als wir vor Moriarty geflohen sind!«

»Versuchen Sie mir zu sagen, dass Ihr Beklemmungsgefühl erstmals während unserer Auseinandersetzung mit dem Professor aufgetreten ist?«

»Ihre Arroganz ist in Momenten einfach unerträglich. Ich muss zugeben, dass mich die Erkenntnis ein wenig enttäuscht, denn meine Hoffnung war, dass sie uns in irgendeiner Weise weiterhelfen würde.«

»Das bleibt abzuwarten, werter Freund.«

Wir erreichten den Bahnhof, verabschiedeten uns von Wiggins, kauften Fahrkarten und hatten Glück, dass der Zug nach Dover nur wenige Minuten später abfuhr. Holmes sondierte die Umgebung – auf dem Bahnsteig, beim Einsteigen und im Wagen selbst. Nachdem sich der Zug in Bewegung gesetzt hatte, trat er vom Fenster des Abteils zurück und setzte sich.

»Es ist uns niemand gefolgt. Wecken Sie mich, wenn wir uns Dover nähern, ich brauche etwas Schlaf.«

»Ist in Ordnung.«

Mein Mitstreiter zog seinen Deerstalker tief ins Gesicht und war kurz danach eingeschlafen. Ich blickte hinaus in den erwachenden Tag und fragte mich, was Holmes mit dieser Reise auf den Kontinent zu bezwecken suchte. Auch wenn er darauf bestand, dass es sich nicht um eine Flucht handelte, war es aus meiner Sicht genau das. Sein Versprechen, er würde mich in die Abläufe einweihen, hatte er wieder einmal nur teilweise wahrgemacht. Was für eine Rolle spielte das Messer? Herkunftsort und -jahr hatten ihm entscheidende Details geliefert, durch die er die Absichten Gruners durchschaut haben wollte.

Das Geräusch, der über die Schienen gleitenden Räder, machte mich ebenfalls schläfrig. Als uns der Zugbegleiter weckte und darauf aufmerksam machte, dass wir in zehn Minuten Dover erreichen würden, fühlte ich mich gut erholt und recht frisch. Jetzt noch sicher auf die Fähre gelangen und das europäische Festland erreichen – doch zu welchem Zweck? Am liebsten hätte ich meine Sachen gepackt und wäre zurück nach London gefahren, aber die Leichen von Kitty Winter und Sir James sprachen eine deutliche Sprache. Ich konnte weder Holmes' Zuversicht teilen noch ihn allein lassen. Für mich waren wir einfach nur zwei ältere Herren, denen das Wasser buchstäblich bis zum Halse stand.

DIE GEWISSHEIT WÄCHST

Bei unserer Ankunft in Dover begann es zu regnen. Erst war es ein feines Nieseln, das jedoch immer stärker wurde und schließlich in einen Wolkenbruch überging. Nach den üblichen Kontrollen begaben wir uns auf die Fähre, die recht bald ablegte. Als wir auf die offene See hinauskamen, schlugen die Wellen so hoch, wie ich das nur selten zuvor erlebt hatte. An Deck riskierte man, auch ohne feindliche Attacke über die Reling geschleudert zu werden. Holmes hatte schon im Vorfeld darauf bestanden, sich im Innenbereich der Fähre aufzuhalten, was meine Vermutung bestärkte, dass die Gefahr trotz aller Vorkehrungen allgegenwärtig blieb.

Ich erinnerte mich an den Fall von John Douglas, der seinen Widersachern sowohl in den Vereinigten Staaten als auch in England wiederholt entkommen konnte, jedoch bei seiner Flucht nach Kapstadt während eines Sturms vor St. Helena über Bord ging. Holmes war überzeugt gewesen, dass es Moriartys Männern letztendlich doch gelungen war, den unerschrockenen John Douglas auszuschalten. Vielleicht hatte der Meisterdetektiv dies im Hinterkopf, als er entschied, das Deck während der Überfahrt zu meiden. Diese Reise machte für mich nach wie vor keinen Sinn, mehr noch, sie erhöhte die Gefahr, dass wir zu Schaden kommen würden. Mein Gefährte zeigte sich verblüfft, als ich ihn erneut darauf ansprach.

»Watson, haben Sie noch immer keine Ahnung, worauf das alles hinausläuft?«

»Nein«, war meine kurze, ehrliche Antwort.

»Was ich Ihnen jetzt sagen werde, mag für Sie merkwürdig klingen: Es ist von entscheidender Wichtigkeit, dass Sie unvoreingenommen handeln!«

Ich verstand die Aussage nicht, Verblüffung und Ärger hielten sich die Waage.

»Holmes, das hört sich nach galoppierendem Wahnsinn an. Bedeutet das etwa, Sie wollen mich nicht einweihen?«

»Ich kann mich nur wiederholen, es ist wichtig, dass Sie unvoreingenommen sind. Sie vertrauen mir doch?«

»Sonst wäre ich nicht hier.«

Der Seegang war kaum zu ertragen. Obwohl mir schwere See für gewöhnlich nichts ausmachte, war dies eine besondere Herausforderung. Mein Begleiter verzog hingegen keine Miene.

»Holmes, was glauben Sie, wird Gruners nächster Zug sein?«

»Er wird versuchen, den für uns vorgesehenen Plan in die Tat umzusetzen. Genaueres kann ich Ihnen erst sagen, wenn sich Wiggins gemeldet hat.«

»Soll das womöglich heißen, Sie wollen dem Baron bewusst ins Netz gehen?«

Er sah mich an und lächelte.

»Diese Konfrontation mit Gruner wird uns alles abverlangen. Es ist überlebenswichtig, dass wir entscheiden, wann sie stattfindet.«

»Ein Kampf, Holmes?«

»Passen Sie auf, Watson. Wie ich Ihnen bereits sagte, wird dieses spezielle Messer nur auf dem Kontinent hergestellt.«

»Wo genau?«

»In der Schweiz«, er sah mich an, als müsse ich spätestens jetzt verstehen, worauf er hinauswollte.

»Tut mir leid, ich kann Ihnen nicht folgen.«

Er sprach weiter.

»Gruner verfolgt mehrere Ziele. Kitty Winter wird misshandelt und erstochen und Sir James, der Initiator der Aktivitäten gegen ihn, erdrosselt. Lediglich bei Porky Johnson ist er bislang gescheitert. Was sagt Ihnen das?«

»Er übt Vergeltung an Personen, die ihm damals geschadet haben.«

»Exakt.«

»Aber dann ist es doch Rache, die den Baron antreibt.«

Holmes ging nicht darauf ein.

»Was glauben Sie, kommt auf uns zu?«

Obwohl diese Frage schon die ganze Zeit über im Raum stand, hatte ich sie mir bisher so konkret noch nicht gestellt.

»Sie sind sicher, dass er etwas geplant hat?«, antwortete ich mit einer Gegenfrage.

»Natürlich, Watson. Für ihn steht bereits fest, wie dieses Spiel zu enden hat. Nur muss er uns erst einmal aufspüren und den rechten Augenblick abwarten, um zum eigentlichen Schlag ausholen zu können.«

»Und Sie wissen, was er will?«

»Ich denke schon. Wir werden ihm in die Karten spielen, jedoch nach unseren Regeln. Es macht einen gewaltigen Unterschied, ob man einem Gegner gegenübertritt oder in einen Hinterhalt gerät.«

Endlich begann sich die See zu beruhigen, der Regen ließ nach und kurze Zeit später kam sogar die Sonne hinter den

Wolken hervor. Ich sah zu Holmes hinüber, der den Mund zu einem schwachen Lächeln verzog, sonst aber schwieg.

Als wir in Calais anlandeten, bestand der Detektiv darauf, im Pulk der Passagiere von Bord zu gehen. Er war wortkarg und schien seine Umgebung genau zu beobachten. In dem Durcheinander hatte ich einige Mühe, ihn nicht aus den Augen zu verlieren. Im Anschluss an die zu erledigenden Formalitäten überquerte er die Hafenkais und lief zielsicher in eine kleine Straße hinein, an deren Ende die Bar Port du Nord lag.

Beim Eintreten schlug uns der salzig-herbe Geruch der verschwitzten Hafenarbeiter entgegen – kein sehr einladender Willkommensgruß. Die Bar war hoffnungslos überfüllt und wie zu erwarten, gab es keinen freien Tisch. Überall standen Seemänner herum, tranken und unterhielten sich lautstark. Es ging rau, aber freundschaftlich zu und der Alkohol floss in Strömen. Holmes gab mir ein Zeichen, ihm zu folgen und drängte sich mit mir im Schlepptau zum Tresen vor. Ein stämmiger, untersetzter Mann, der mich entfernt an Porky Johnson erinnerte, stand ruhig da wie der Kapitän am Steuer eines Schiffs. Als sein Blick meinen Gefährten traf, hellte sich dieser für einen kurzen Augenblick auf. Dann wandte er sich an einen der Schankmänner, sagte ihm etwas und kam hinter dem Tresen hervor. Als teilten sich die Wasser des Meeres, ging er unbehelligt zu einem der Tische im hinteren Teil des Gastraums durch. Eine Bemerkung, gepaart mit einer unmissverständlichen Handbewegung, genügte, dass die Stühle geräumt wurden, und wir Platz nehmen konnten. Seine Hände auf die Platte stützend, stellte er sich mir mit schwerem französischem Akzent als Jean Brestin vor, und gab uns zu verstehen, dass gleich ein Grog und eine warme Mahlzeit gebracht würden. Dabei fuhr er mit der rechten Hand über den Tisch, was seine Worte eindrucksvoll unterstrich, wie ich fand, und ging zurück an seinen angestammten Platz. Die Arme verschränkt, wirkte Brestin wie ein Fels in der Brandung und beäugte das Treiben um ihn herum.

Kurz darauf stellte man uns die Grogs hin, wir stießen an und tranken. Das vor unseren Augen ablaufende Schauspiel schien sich im Port du Nord allabendlich zu wiederholen; raue, abgearbeitete Seemänner und Hafenarbeiter verwendeten das hart verdiente Geld darauf, ihrem Alltag für ein paar Stunden zu entfliehen. Wenn die Stimmung nicht so aufgeladen gewesen wäre, hätte man sich der unterschwelligen Tristesse und Melancholie kaum verschließen können. Nun wurde das von Brestin angekündigte Essen auf den Tisch gestellt: frittierte Meeresfrüchte, Baguette sowie ein großer Krug Weißwein.

»Sie kennen den Wirt?«, fragte ich Holmes.

»Ich habe ihn schon einmal bei einer Ermittlung getroffen, er ist ein Freund von Porky. Die Ähnlichkeit ist verblüffend, finden Sie nicht auch? Oben werden zwei Zimmer für uns vorbereitet. Wir müssen uns ausruhen und Fehler vermeiden.«

»Aber sagten Sie nicht, dass wir auf dem Festland sicher seien?«

»Sicherer. Unachtsam dürfen wir deshalb nicht werden. Wer weiß, ob der Baron nicht früher als erwartet zuschlägt. Obwohl ich vermute, dass es ihm am liebsten wäre, wenn es zum großen Finale kommen würde.«

»Zum großen Finale?«

Er nickte bestätigend, ging aber nicht weiter darauf ein. Alles schien auf ein bestimmtes Ziel hinauszulaufen. Holmes schenkte mir Wein ein, und wir stießen an. Das Frittierte schmeckte vorzüglich, der Weißwein und seine Jugenderinnerungen lenkten mich für eine Weile von meinen düsteren Gedanken ab.

Als ich im Bett lag und aus dem Fenster sah, kam mir seine Bemerkung über das große Finale wieder in den Sinn. Was hatte er damit gemeint? War eine Attacke auf uns geplant? Eine Auseinandersetzung mit Gruner? Nur eines konnte ich mit Gewissheit sagen, die Situation fühlte sich ausgesprochen ernst an.

Am Morgen wachte ich um halb sieben auf. Trotz der Dunkelheit war unschwer zu erkennen, dass dicker Nebel in der Luft hing. Ich hatte mich mit Holmes für acht Uhr auf dem Flur vor unseren Zimmern verabredet. Ein Morgenspaziergang würde mir jetzt guttun, also entschied ich, zum Pier zu gehen und ein bisschen frische Luft zu schnappen. Ich zog mich an, verließ die Kammer und stand kurz darauf in der morgendlichen Kühle.

Kein Mensch war weit und breit zu sehen. Ich erreichte die Straßenkreuzung und überquerte sie. Dann tauchte die Hafenanlage vor mir auf, die Wellen brachen sich an der Kaimauer. Ich lehnte mich an ein Stück alte Brüstung, das wie ein Relikt aus besseren Zeiten wirkte. Der Geruch des Meeres weckte Erinnerungen – meine Fahrt als junger Armeearzt in Richtung Afghanistan, die Reise mit Mary nach Irland oder die Überfahrten mit Holmes während unserer gemeinsamen Abenteuer. Darunter stach unsere Flucht vor Moriarty heraus. Das Gefühl der völligen Ungewissheit darüber, was uns auf dem Kontinent erwarten würde, hinterließ bei mir den stärksten Eindruck. Wie hatte ich nur so blauäugig sein können, die Finte des Professors nicht zu durchschauen? Mein Blick war in die Ferne gerichtet, die rund zwanzig Meilen entfernten Kreidefelsen an der englischen Küste waren wegen der diesigen Wetterlage natürlich nicht zu erkennen.

Plötzlich hörte ich Schritte hinter mir, es schienen sich mehrere Personen zu nähern. Als ich mich umdrehte, hatten zwei mit Schlagstöcken bewaffnete Männer schon fast zu mir aufgeschlossen. Gruners Schergen! Es war verdammt unvorsichtig von mir gewesen, allein hinauszugehen. Die beiden blieben stehen und sahen sich um; vermutlich hatten sie auch meinen Gefährten erwartet. Sie trennten sie sich und kamen von rechts und links langsam auf mich zu. Wegzulaufen hatte keinen Sinn, die Männer waren deutlich jünger und in guter körperlicher Verfassung. Ich hatte meinen Stockschirm dabei, doch ein wirklich geübter Kämpfer war ich im Gegensatz zu Holmes nicht. Was also tun? Die Angreifer kamen näher, das Unvermeidliche war nicht mehr zu verhindern.

Den ersten Schlag wehrte ich mit dem Stockschirm ab, dem zweiten, den der Mann links von mir ausführte, konnte ich ausweichen. Ich wusste, dass mich der nächste Hieb entscheidend treffen würde, doch mit einem Mal hörte ich schnelle Schritte von der Straße her auf uns zukommen. Die Männer wandten sich um und sahen Holmes, den Wirt des Port du Nord und einen der Schankmänner auf uns zueilen. Ein Schuss wurde abgefeuert, dann ein zweiter – im nächsten Augenblick rannten die beiden Angreifer davon.

Ausgepumpt standen meine Retter wenige Sekunden später schwer atmend neben mir. Brestin legte seine Hand auf meine Schulter und stellte erstaunlich unaufgeregt fest, dass ich großes Glück gehabt hätte. Ich nickte und entschuldigte mich, ohne Begleitung unterwegs gewesen zu sein. Holmes mischte sich ein.

»Unser Baron ist nicht etwa nostalgisch, Watson. Er hatte gute Gründe dafür, seine Gefolgsmänner mit Stöcken auf uns zu hetzen. In solchen Momenten lobe ich mir eine gewöhnliche Schießwaffe.«

»Sie wussten, dass ein solcher Angriff zu erwarten war?«

»Sagen wir, ich hielt es für möglich. Gruner hätte sicherlich nichts dagegen, wenn wir ein paar Blessuren davontragen während unserer Odyssee. Das wird jedoch nichts an seinem eigentlichen Vorhaben ändern. Jean, jetzt, wo wir unseren Frühsport beendet haben, wäre ein deftiges Frühstück angebracht. Ist das zu machen?«

»Mais bien sûr, Mister Holmes«, bemerkte er lachend. »Das haben wir uns nach diesem kleinen Ausflug doch mehr als verdient.«

Der nächtliche Nebel hatte sich so gut wie aufgelöst. Wir betraten die Bar, wo es bereits nach gebratenem Speck und Eiern roch. Eine ältere Frau war gerade dabei, den Gastraum zu reinigen. An einem der Tische in der Nähe des Tresens wurde das Frühstück serviert und Brestin nahm mit uns Platz. Der Schankmann war von unserem Wirt dazu abgestellt worden, draußen Wache zu stehen.

»Das war äußerst knapp, Watson. Diese beiden Herren wären zweifellos nicht zimperlich mit Ihnen umgegangen.«

»Ich hätte nicht so unbedarft sein dürfen. Aber dank Ihrer aller Hilfe ist ja nichts passiert.«

Brestin meldete sich zu Wort.

»Mister Holmes hatte angekündigt, dass heute Morgen vielleicht unsere Hilfe benötigt wird. Diese Typen hatten wohl darauf spekuliert, dass Sie gemeinsam auftauchen. Das dürfte der Grund gewesen sein, warum die beiden gezögert haben und nicht gleich über Sie hergefallen sind.«

»Mir ist nicht ganz klar, wie man uns so schnell gefunden hat. Ich dachte, wir hätten sie abgehängt«, warf ich ein.

»Watson, Gruners Spur weist auf den Kontinent. Es war also zu erwarten, dass die infrage kommenden Häfen für die Überfahrt überwacht werden würden. Da wir vorsichtig waren und vermutlich erst beim Einchecken in Dover gesichtet wurden, blieb keine Zeit, um uns zu attackieren. Ich war überzeugt davon, dass man uns auf dem Schiff nicht angreifen würde, aber sicher kann man sich natürlich nie sein.«

»Wann wollen Sie denn zum Zug? Ich fahre mit Ihnen, das ist sicherer«, bot sich Brestin an.

»Ein großzügiges Angebot, mein Lieber. Ich denke, wir werden es angesichts der Tatsache, dass wir nicht mehr die Jüngsten sind und weitere Scharmützel vermeiden sollten, annehmen. Wir machen uns in einer halben Stunde auf den Weg.«

Der Wirt und sein Schankmann begleiteten uns zum Bahnhof von Calais. Ich war einigermaßen erstaunt, dass mein Gefährte Fahrkarten nach Interlaken mit Halt in Straßburg löste.

»Sie wollen in die Schweiz, Holmes? Ich dachte, wir müssten erst einmal nach Berlin.«

»Eine interessante Überlegung. Nur, wo sehen Sie die Verbindung zu unserem Fall?«

»Gruner lebt doch in Berlin. Und hatten Sie nicht erwähnt, dass auch Von Bork dort zuhause ist?«

»Das stimmt, aber noch mal meine Frage: Wo sehen Sie den konkreten Bezug zu unserem Fall?«

Diesen schien es, wenn ich Holmes recht verstand, nicht zu geben. Ich vermied es, nachzuhaken und kam auf die Mordwaffe zu sprechen.

»Es dreht sich also alles um das Messer.«

»Wie schon gesagt, es verrät mehr über die Machenschaften des Barons, als ihm lieb sein dürfte. Er ist davon ausgegangen, dass es mir recht schnell gelingen würde, das Messer in der Schweiz zu verorten.«

»Vielleicht klären Sie mich erst einmal darüber auf, um was für ein Messer es sich überhaupt handelt?«

»Es ist ein Schweizer Armeemesser, das seit Ende des 19. Jahrhunderts zur Ausrüstung der Angehörigen der Schweizer Armee gehört.«

»Und was sind nun die besonderen Details, die Sie auf die Spur des Barons gebracht haben?«

»Das erste Messer dieser Art firmiert unter der Bezeichnung Modell 1890. Erstmals ausgeliefert wurde es übrigens 1891.«

Warum ließ sich Holmes über eine solche Nebensächlichkeit aus? Ich kam nicht dahinter.

»Was soll ich Ihnen noch sagen? Mir war an diesem Punkt klar, was den Baron antreibt.«

Phantasierte Holmes? Ich begann ernsthaft an seinem Geisteszustand zu zweifeln. Wir saßen mittlerweile auf einer der

Bänke am Bahnsteig und erwarteten den Zug, der uns über Brüssel nach Straßburg bringen würde.

»Weiß Wiggins denn, wohin wir reisen?«

»Natürlich, wir sind auf seine Hilfe angewiesen.«

Was nur wollte Holmes in der Schweiz?, fragte ich mich. Es gelang mir einfach nicht, eine plausible Antwort darauf zu finden.

»Watson, vergessen Sie alles Bisherige. Gruner hat Größeres im Sinn, er möchte etwas, sagen wir, aus der Welt schaffen, endgültig und unwiderruflich.«

»Und für ihn ist es von Bedeutung, dass wir dabei anwesend sind«, mutmaßte ich.

»Genau. Wiggins hat Bigby mit Informationen versorgt, die nahelegen, dass wir auf den Kontinent reisen.«

»Wie kann er verhindern, dass dieser Knabe oder der Baron misstrauisch werden?«

»Wiggins kennt die Bigbys dieser Welt, er hatte sie lange genug um sich. Es ist ihm gelungen, das haben wir ja heute Morgen schon erleben dürfen. Also noch mal, das Messer am Tatort verwies auf die Schweiz, denn es handelt sich um ein Schweizer Armeemesser, und außerdem liegt die Hauptproduktionsstätte in Ibach im Kanton Schwyz. Das Ziel des Barons ist zweifelsohne, uns zu den Eidgenossen zu locken. Nur warten wir keine weiteren Hinweise mehr ab, sondern bestimmen von nun an das Vorgehen in dieser Angelegenheit selbst. Wir werden in Straßburg und Interlaken Zwischenstopps einlegen und von Interlaken aus zum eigentlichen Ziel unserer Reise aufbrechen. Gruner wird dies als Erfolg verbuchen, denn aus seiner Sicht kann das nur bedeuten, wir verfolgen die von ihm ausgelegte Fährte. Nach meiner Einschätzung ahnt er nicht, dass wir bereits wissen, wohin dieser Hunt führen dürfte.«

»Holmes, niemand außer Ihnen hat eine Vorstellung, worauf das alles hinausläuft. Selbst Sie sind sich ja nicht ganz sicher.«

»Eine letzte Ungewissheit erhöht den Reiz.«

Mir missfiel das Spekulative seines Plans.

»Also, wenn Sie mich fragen, dürfen wir unter gar keinen Umständen nach Interlaken fahren«, entgegnete ich ihm.

»Nichts gegen Sie, Watson, aber in diesem speziellen Fall frage ich besser nicht nach Ihrer Meinung.«

»Sie sind und bleiben unerträglich.«

Bevor ich deutlicher werden konnte, fuhr der Zug in den Bahnhof ein.

PLACE KLÉBER

In Straßburg angekommen, mieteten wir uns im Zentrum in das Grand Hotel Kléber ein. Da es schon recht spät war, aßen wir erst einmal zu Abend und genossen im Anschluss daran noch ein wenig die Atmosphäre der Stadt bei einem Spaziergang. Holmes schien nicht sonderlich um unsere Sicherheit besorgt, und wenn doch, ließ er es sich nicht anmerken. Zum Abschluss unserer kleinen Tour tranken wir noch einen Eau de Vie in einer der typischen Bars, die an beinahe jeder Ecke der elsässischen Metropole zu finden waren und kehrten, den Umständen entsprechend entspannt, ins Hotel zurück. Mein Mitstreiter bekam an der Rezeption ein Telegramm ausgehändigt.

»Von Wiggins?«, riet ich.

»Ja, er meldet sich morgen früh um acht Uhr telefonisch bei uns im Hotel. Es gibt wohl wichtige Neuigkeiten.«

»Welcher Art?«

»Vermutlich über die Machenschaften des Barons.«

»Ob uns das weiterhilft?«

»Watson, es ist immer gut, so viel wie möglich zu wissen. Allerdings ist der Preis dafür manchmal recht hoch.«

»Warum wollten Sie unbedingt nach Straßburg?«

Die Frage beschäftigte mich schon eine Weile, denn ich schloss aus, dass Holmes grundlos hergekommen war.

»Es ist eine Stadt, die wir gut kennen. Ein Vorteil, wenn man sich vorsehen muss.«

Es war wohl doch gefährlicher, als ich bei unserem Spaziergang angenommen hatte.

»Also, ein rein strategischer Beweggrund«, resümierte ich.

»Ganz wie Sie wollen«, lautete seine lakonische Antwort.

Ich schlug vor, noch auf einen Drink an die Hotelbar zu gehen, wo Menschen aus aller Herren Länder versammelt waren. Internationalität hieß die neue Wirklichkeit in Europa, ein Schmelztiegel der Kulturen war am Entstehen. Ich empfand diese Entwicklung als Wohltat, gerade nach den Wirren des großen Krieges; auch dass Straßburg nach der jahrelangen deutschen Besatzung nun wieder unter französischer Ägide stand.

Der Kellner kam an unseren Tisch, wir bestellten Brandy und Wasser. Obgleich alles in bester Ordnung schien, hatte ich dennoch kein gutes Gefühl unsere Lage betreffend.

»Holmes, mir kommt es so vor, als würde ein Damoklesschwert über unseren Köpfen schweben.«

Er sah mich etwas überrascht an und überlegte kurz, bevor er antwortete.

»Ein treffliches Bild, mein Lieber. Wie Sie sich bestimmt erinnern, lehrt dieses Gleichnis, dass jede gesellschaftliche Position Gefahren und Zwänge mit sich bringt. Je höher die Stellung, desto größer sind Gefahr und Zwang. Auf gewisse Weise trifft das auch auf den Baron zu.«

»Wie meinen Sie das? Wird er etwa durch seine Situation zu diesen Missetaten gezwungen?«

»Auf eine sehr eigene Weise vielleicht schon. Ich gehe bei ihm von einem über die Jahre aufgebauten inneren Druck aus, der sich zu einem Zwang auswuchs.«

»Also will er sich doch dafür rächen, was ihm damals zugestoßen ist«, insistierte ich erneut.

»Watson, wie ich Ihnen bereits mehrfach auseinandergelegt habe, spielt dies durchaus eine Rolle, aber es ist weder der primäre noch der alleinige Beweggrund seines Handelns. Ein weiteres Mal: Gruner will ein Übel aus der Welt schaffen, etwas, das er glaubt unter allen Umständen, ausmerzen zu müssen.«

»Das klingt für meine Ohren nach einer Zwangsvorstellung. Würden Sie sagen, der Baron ist psychisch krank?«

»Ihr Kollege Freud würde wenigstens von einer Zwangsneurose sprechen.«

»Ich will Sie nicht korrigieren, aber mir scheint das eher in Richtung Wahnidee zu gehen, Holmes.«

»Die zwei Menschen das Leben gekostet hat? Nein, man sollte vielleicht sogar eine Psychose erwägen.«

»Wie auch immer. Nur, was hat das mit uns zu tun?«

»Die Angelegenheit ist kompliziert. Das Modell 1890 ist und bleibt der Schlüssel zu den Vorkommnissen.«

Er gähnte in sich hinein.

»Watson, ich würde Sie bitten, das Thema für heute Abend ruhen zu lassen, denn es wird uns ohnehin noch ausgiebig beschäftigen.«

Natürlich erfüllte ich ihm diesen Wunsch, war aber ernstlich verwundert. Erstmals begann ich in Betracht zu ziehen, dass es womöglich Holmes war, der unter einer Neurose oder gar einer Psychose litt. Wir plauderten eine Weile über die politische Bedeutung des Völkerbundes und die Höhe der Reparationszahlungen, die das Deutsche Reich würde aufbringen müssen. Der große Detektiv vertrat die Auffassung, dass diese der Auslöser für Konflikte jenseits unserer Vorstellungskraft sein könnten. Ich hingegen befand, dass man für seine Taten einzustehen habe und die Zahlungsforderungen, auch in dieser Größenordnung, berechtigt seien. Die nächsten Jahre würden zeigen, wer von uns Recht behalten sollte.

Holmes stellte mir noch ein paar Fragen die Situation in London betreffend, dann zogen wir uns auf die Zimmer zurück. Als ich meine Abendtoilette beendet hatte, stellte ich mich ans Fenster und besah den ebenso mondänen wie geschichtsträchtigen Place Kléber. Mein Blick streifte über die gelblich erleuchteten Pflastersteine und erinnerte mich daran, dass ich bei dem fast drei Jahrzehnte zurückliegenden Aufenthalt mit Holmes in Straßburg ebenfalls des Nachts am Fenster gestanden und über die kommenden Ereignisse nachgedacht hatte.

Es gelang mir nicht, das Gespräch an der Bar zu vergessen. Kannte ich ihn gut genug, um ausschließen zu können, dass mein langjähriger Wegbegleiter diese Geschichte selbst inszeniert hatte? Der Gedanke erschien mir geradezu aberwitzig, doch war er nicht gänzlich von der Hand zu weisen. Er selbst hatte jeden Schritt in die Wege geleitet und unser Vorgehen bestimmt. Sherlock Holmes, der berühmteste Detektiv der Welt und mein bester Freund, ein Psychopath? Das erschien mir unendlich weit weg – und leider nicht ausgeschlossen. Ich überlegte, ob es dafür Hinweise in seiner Vergangenheit gab.

Aufgrund der Vorkommnisse während des »Letzten Problems« war es zu einem Vertrauensbruch zwischen uns gekommen, den ich offen gesagt nie ganz verwunden habe. Seine Begründung, warum er mich am Reichenbachfall getäuscht und nicht in seinen Plan eingeweiht hatte, war mir schon damals fadenscheinig vorgekommen. Auch hatte ich seinen legendären Gegenspieler und Erzrivalen nie getroffen. Lediglich Misses Hudson soll den Professor gesehen haben, als dieser Holmes einen Besuch in der Baker Street abstattete. Allerdings wäre es für den Meisterdetektiv ein Leichtes gewesen, jemanden zu finden, der sich als Moriarty hätte ausgeben können. Außerdem wurde dessen Leiche nach dem vermeintlichen Sturz in den Reichenbachfall nie gefunden. Ich mochte das alles nicht glauben.

Holmes selbst hatte in unserem Gespräch an der Bar über Gruners mentalen Zustand mehrfach Begriffe aus der Psychoanalyse verwendet. Mir kam ein erschreckender Gedanke: Was, wenn der Professor das Alter Ego meines Freundes war? Eigentlich passte alles zusammen, Moriarty war berechnend, kühl, intelligent, ein Genie des Verbrechens. Er war all das, was auch Sherlock Holmes war, nur ins Negative gespiegelt.

Selbst auf unserer Flucht im Frühjahr des Jahres 1891 hatte ich dem Meisterverbrecher nie von Angesicht zu Angesicht gegenübergestanden. Der große Unbekannte, heimtückisch, genial, gewissenlos, das unerreicht Kriminelle in persona. War der Professor nur die wahnhafte Vorstellung meines Freundes? Mir rann der Schweiß aus allen Poren. Wenn es tatsächlich stimmte, musste ich mir die Frage gefallen lassen, warum ich dies bis zum heutigen Tag nicht bemerkt hatte.

Gab es bei ihm schon frühere Anzeichen für eine Geisteskrankheit als das Auftauchen des Professors? Ich wollte mir jeden weiteren Gedanken verbieten, war aber wie im Fieber. Holmes' Drogensucht kam mir in den Sinn, die siebenprozentige Kokainlösung, die er sich immer wieder gespritzt hatte. Meine Nachfrage, ob er noch heute davon Gebrauch machte, hatte er ziemlich unwirsch zurückgewiesen, doch konnte ich ihm das glauben? Falls er Kokain nahm, allein in diesem abgelegenen Cottage, war nicht auszuschließen, dass er sich dauerhaft in einen halluzinatorischen Wahn hineingesteigert hatte. Ich war beschämt, so etwas über meinen besten Freund zu denken. Was, wenn der Wahn so weit Besitz von ihm ergriffen hatte, dass er seine Taten verstandesmäßig nicht mehr kontrollieren konnte?

Und wie sah es mit den vermeintlichen Schergen des Barons aus? Männer aus der Unterwelt kannte er zur Genüge, sie fremdländisch klingen zu lassen, erforderte zwar ein wenig Übung, erschien mir aber durchaus möglich. Nicht alle Ganoven waren ungebildet, ganz im Gegenteil. Man erinnere sich nur an Männer vom Kaliber eines John Clay.

Eine Frage ließ mich nicht los: War Holmes imstande zu töten? Wenn er psychisch krank war und an eine Bedrohung glaubte, konnte man das nicht ausschließen. Die Tatsache, dass wir die beiden Ermordeten auf der Türschwelle, beziehungsweise im Wohnzimmer von Holmes' eigenem Cottage gefunden hatten, verstärkte meine Bedenken. »Lass es ein Hirngespinst sein«, wiederholte ich mehrfach leise.

Meine Zweifel, dass der Baron hinter den Taten steckte, wuchsen. Es war, wie ich Holmes bereits entgegengehalten hatte, einfach zu viel Zeit vergangen. Warum sollte der österreichische Mörder erst jetzt zur Tat schreiten? Gleichwohl mein Gefährte darauf bestand, dass hinter dem Motiv der Rache etwas sehr viel Düstereres lauerte, so war er doch nie konkret geworden. Lag es womöglich daran, dass es sich um sein dunkles Geheimnis handelte?

Waren sowohl Gruner aus dem Jahre 1920, wie auch der von Holmes als Napoleon des Verbrechens titulierte Moriarty, nur in der Phantasie meines Freundes seine großen Gegenspieler? Dieser Gedanke erschien mir meinem langjährigen Vertrauten gegenüber beleidigend und inakzeptabel, doch je mehr ich darüber nachdachte, desto stimmiger kam er mir vor. Ich stand auf, ging ins Bad und ließ mir Wasser über das Gesicht laufen. Minutenlang stand ich da, spürte das erfrischende Nass auf meiner Haut und hoffte, dass meine finsteren Gedanken verschwinden mögen.

Dann, mit einem Mal, begann ich zu verstehen. Holmes hatte mitunter identische Orte ausgewählt wie damals, als wir vor Moriarty geflohen waren: Newhaven, Calais, Brüssel, Straßburg, Basel, Interlaken. Nur weil ich mich vehement gegen Newhaven ausgesprochen hatte, waren wir von Dover nach Calais und nicht von Newhaven nach Dieppe übergesetzt. Lebte Holmes also tatsächlich in einem Wahn? Wenn ja, dann hatte er zwei Menschen auf dem Gewissen. Zurück im Zimmer, setzte ich mich aufs Bett, meine Hände zitterten. Ich nahm die Karaffe vom Nachttisch und schenkte mir ein Glas Wasser ein. Das Schweizer Armeemesser mit der Modellbezeichnung 1890. War dies der Schlüssel? Holmes hatte ausdrücklich erwähnt, dass es erst im Jahre 1891 ausgeliefert worden war. Plötzlich fiel es mir wie Schuppen von den Augen, der 4. Mai 1891, das Duell mit Moriarty am Reichenbachfall.

Damals war ich der festen Überzeugung gewesen, mein Kamerad sei gemeinsam mit dem Professor in den Fluten des Wasserfalls zu Tode gekommen. Dass dies nicht geschehen war, erfuhr ich nach seinem unvermittelten Auftauchen drei Jahre später. Er hatte mich, seinen treuen Mitstreiter, nicht in die Charade eingeweiht. Wie schon erwähnt, empfand ich seine Erklärung bis zum heutigen Tag als fadenscheinig und in bestimmter Hinsicht beleidigend. Natürlich hatte ich ihm verziehen, aber meine Enttäuschung darüber konnte ich nie endgültig verwinden. Wenn nun herauskommen sollte, dass er nicht nur seinen Tod vorgespielt und mich jahrelang im Unklaren gelassen hatte, sondern auch Moriarty selbst eine Täuschung gewesen war, überstieg dies alles, was ich mir vorzustellen wagte. Ich hoffte inständig, Holmes würde mir eine schlüssige Erklärung liefern können. Die Vorstellung, dass er unter einer Wahnvorstellung oder gar einer Psychose litt, schien mir unerträglich. Nein! Ich war dabei, mich zu vergaloppieren. All das konnte einfach nicht sein – oder etwa doch?

Als ich am nächsten Morgen aufstand und aus dem Fenster blickte, schneite es. Die Reise würde uns, das glaubte ich mittlerweile zu wissen, zum Messerhersteller Victoria nach Ibach führen. Interlaken eignete sich bestens für einen Zwischenstopp, denn der Ort lag nur rund 55 Meilen von unserem Ziel entfernt. Ich sah auf die Uhr, noch blieb mir eine halbe Stunde Zeit bis zu dem gemeinsamen Frühstück mit Holmes. In Straßburg fühlte ich mich sicher. Ein kurzer Spaziergang würde mir jetzt guttun und stellte sicherlich keine Gefahr dar.

Es waren nur wenige Menschen auf dem Place Kléber unterwegs. Ich ging linker Hand zu einer Bar an der Ecke, in der sich bereits einige Kunden tummelten. Der Wohlgeruch von frisch gemahlenem Kaffee, Croissants sowie anderer Köstlichkeiten hob meine Stimmung und ließ mich die schweren, sorgenvollen Gedanken für einen Moment vergessen. Ich bestellte mir einen Milchkaffee und ein Croissant. Am Tresen war noch ein Hocker frei. Der Habitus der anderen Besucher steckte mich an, weshalb ich zu einer Zigarette griff. Obgleich in der Frühstücksbar reger Betrieb herrschte, wirkte alles sehr persönlich – ganz so, als würden sich die meisten Personen wegen ihrer morgendlichen Stippvisiten kennen. Ich trank einen Schluck Milchkaffee, biss in mein Croissant und beobachtete mit einer gewissen Faszination die Abläufe, die sich von den mir vertrauten englischen, stark unterschieden.

Nach dem petit déjeuner verließ ich die Bar, um noch ein paar Meter über den Platz zu spazieren und einen Blick auf das Denkmal von General Jean-Babtiste Kléber, den berühmten Straßburger General zu werfen, dessen Gebeine seit 1838 in einer Gruft unterhalb des Monuments ruhten. Das leichte Schneetreiben erinnerte mich daran, dass wir in Kürze in die Zentralschweiz aufbrechen würden, eine Reise, die ich nur einmal zuvor in meinem Leben gemacht hatte und bis zum heutigen Tag als stete Mahnung in meinem Gedächtnis weiterlebte. Interlaken lag rund 570 Meter hoch, das Wetter würde entsprechend sein.

Ich konnte mich des Eindrucks nicht erwehren, als habe der Baron mit dem Zurücklassen des Messers am Tatort die just gezeigte Reaktion meines Gefährten provozieren wollen. Der Umstand bereitete mir Sorgen. Wusste Gruner womöglich, wie Holmes handeln würde? Steckte wirklich dieser durch die Vitriol-Attacke gezeichnete Mann hinter den Aktionen der letzten Tage? Und wenn nicht, wer dann? Der Schneefall trieb mich zum Hotel zurück. Was auch immer geschah, ich würde Holmes zur Seite stehen. Er war überzeugt davon, den Baron kontrollieren und das Spiel bestimmen zu können, doch war dem wirklich so? Ich betrat die Lobby und sah mich um, nichts deutete auf irgendwelche Probleme hin. Wieder auf meinem Zimmer, zog ich mich um und ging hinunter in den Frühstücksraum. Der Detektiv saß bereits am Tisch und las die Zeitung.

»Guten Morgen, Watson. Vielleicht jetzt ein englisches Frühstück?«

»Warum nicht.«

Der Kellner kam, ich bestellte schwarzen Tee, Spiegeleier, Würstchen und Speck. Holmes sah von der Zeitung auf.

»Die guten alten Gewohnheiten lassen einen nie los.«

»Gerade im Alter«, ergänzte ich.

»Was ist mit Ihnen?«, er musste meine grüblerische Stimmung bemerkt haben.

»Die Umstände machten mich mürbe, und diese Fahrt nach Interlaken weckt bei mir ausgesprochen unangenehme Erinnerungen«, deutete ich meine Vorbehalte an.

»Alles im Leben geschieht aus einem bestimmten Grund.«

Seine Worte ließen mich aufhorchen.

»Sie, als radikaler Verfechter des rationalen Denkens, glauben doch nicht etwa an das Schicksal?«

Holmes hatte gerade seine Teetasse zum Mund führen wollen, stockte und setzte sie wieder ab.

»Schließen sich rationales Denken und Schicksal in Ihrer Weltanschauung aus? Das würde ich überdenken, wenn ich Sie wäre. Zu diesem Thema sind die Überlegungen des deutschen Philosophen Kant sehr aufschlussreich. Sehen Sie mich nicht an, als hätte ich den Verstand verloren, Watson.«

»Ihre Vermessenheit ist wirklich kaum zu ertragen.«

»Es gibt Konstellationen, denen man man nicht ausweichen kann, und zwar unter keinen Umständen. Um es deutlicher zu sagen, die Ereignisse der letzten Tage waren kein Zufall. Etwas dieser Art musste früher oder später geschehen.«

»Schicksalhafte Vorfälle stehen nicht unbedingt mit der Ratio in Verbindung«, gab ich zu bedenken.

»Dachte mir schon, dass Sie so antworten würden. Ich wäre da nicht so sicher, denn es geht um Handlungen und deren Wirkung. Das Handeln steht immer mit dem Willen in Verbindung. Die Betrachtungen Schopenhauers über den Willen sind jede Zeile wert. Im Übrigen war er ein so unerträglicher Misanthrop, dass es eine wahre Freude ist, darüber zu lesen.«

Ich schüttelte nur den Kopf und ließ ihn weitersprechen.

»Jedes Agieren hat Auswirkungen, verändert etwas, erst im direkten, dann im weiteren Umfeld.«

»Wollen Sie damit andeuten, dass man früher oder später von seinen Taten eingeholt wird?«

»Ja, und das hat auch mit Schicksal zu tun, nicht unbedingt moralisch, aber metaphysisch betrachtet schon.«

Ich konnte seine belehrende Art nicht länger ertragen.

»Worin besteht der konkrete Bezug zu unserer Situation?«

»Behalten Sie einfach meine Worte im Hinterkopf. Ich bin mir sicher, Sie werden den Zusammenhang erkennen und die richtige Entscheidung treffen«, war das Einzige, was er noch dazu sagte.

Ich trank einen Schluck Tee und überdachte seine Worte, es lenkte mich von meinen negativen Gedanken ab. Der Kellner kam an unseren Tisch und stellte den Frühstücksteller vor mich: Der Duft von Speck und Eiern stieg mir in die Nase, Würstchen, Bohnen und Tomaten rundeten die vertraute Mahlzeit ab. Holmes hingegen hatte sich für die französische Variante entschieden, Croissant, Butter und Marmelade. Ich wollte von ihm wissen, wann unser Zug abfahren würde.

»Um halb zehn sollten wir am Bahnhof sein. Die Ankunft in Interlaken ist für zwanzig Uhr vorgesehen, unser Hotel ist bereits gebucht und das Abendessen bestellt.«

»Ich vermute, wir übernachten wieder im Bellevue?«

Holmes bestätigte meine Vermutung.

»Ja, im Bellevue. Ein vortreffliches Haus, finden Sie nicht auch?«

»Ganz ohne jeden Zweifel«, bemerkte ich, obwohl mir bei dem Gedanken ganz und gar nicht wohl war, ausgerechnet in demselben Hotel wie im Jahr 1891 abzusteigen.

Um neun Uhr nahmen wir ein Taxi zum Bahnhof. Der Zug war bereits eingefahren, als wir in die Halle kamen. Holmes war augenscheinlich angespannt, brummte gelegentlich etwas und nahm kaum Notiz von mir. Was auch immer vor sich ging, ich hatte es nicht bemerkt. Nachdem wir im Abteil saßen und der Zug aus dem Bahnhof fuhr, wollte ich wissen, ob ihm etwas aufgefallen sei.

»Wir wurden beobachtet, Watson. Vor dem Bahnhof.«

»Und was jetzt? Sind Sie absolut sicher?«

»Kein Zweifel, aber momentan besteht keine Gefahr einer Attacke.«

»Woher wollen Sie das denn wissen?«

»Wir bewegen uns in die gewünschte Region. Was uns in Interlaken erwartet, vermag ich derzeit nicht einzuschätzen. Ein Angriff im Zug dürfte nach meinem Ermessen nicht infrage kommen.«

INTER LACUS – ZWISCHEN DEN SEEN

Wir erreichten die gut 3000 Seelen zählende Gemeinde pünktlich um zwanzig Uhr. Der Name des Ortes Interlaken leitet sich aus seiner geographischen Eigenheit ab, denn er liegt eingebettet zwischen dem Thuner- und Brienzersee. Es fiel gleich auf, dass sich im Laufe der vergangenen drei Jahrzehnte nur wenig verändert hatte. Der einzig wirkliche Wandel betraf mich selbst, mein langsamer werdender Gang, die schmerzenden Gelenke sowie die gelegentlichen Schwierigkeiten beim Luftholen – vor allem, wenn der Weg bergan führte. Auch wenn ich keinen engeren Bezug zu Interlaken hatte, stimmte mich die Vermutung nachdenklich, dass es sich wohl um meinen letzten Besuch hier handelte. Unser Hotel würden wir zu Fuß erreichen können. Ich verdrängte meine Altherrenmelancholie und schritt kräftig aus. Die gesamte Landschaft war in weiß getaucht – der mit Nebel gepaarte schwache Schneefall verhinderte, dass man die umliegenden Berge erkennen konnte.

»Ich kann mich noch gut daran erinnern, als wir das letzte Mal hier entlanggegangen sind«, stellte Holmes fest.

Ich bejahte und vermied tunlichst, meine wehmütige Stimmung zu zeigen. Angesichts der lauernden Gefahr erschien mir dies unangebracht und gefährlich. Ich blieb stehen und blickte zurück, um die Situation in unserem Rücken abzuschätzen. Mein Freund drosselte das Tempo und bat mich, weiterzugehen. Sein Ton verriet mir, dass es mehr als eine

Bitte war. Ich entzündete eine Zigarette und schloss zu ihm auf.

»Warum verhalten Sie sich so ungeschickt?«, wollte er von mir wissen.

Seinen verächtlichen Tonfall überhörte ich geflissentlich.

»Ich dachte, eine gewisse Vorsicht kann nicht schaden.«

»Aber nur, wenn danach nicht der gesamte Ort weiß, dass Sie sich beobachtet fühlen.«

Kurz darauf bemerkte er, das Thema wechselnd:

»Watson, ist Ihnen eigentlich bekannt, dass es heutzutage eine Bahnverbindung von Interlaken nach Brienz gibt?«

»Ach, tatsächlich.«

»Sie wurde 1916 eröffnet.«

»Und was soll mir das sagen, Holmes?«

»Wir könnten morgen eine kleine Tour dorthin unternehmen. Wären Sie einverstanden?«

»Ich nehme an, Sie haben einen guten Grund für diese Bahnfahrt.«

Sein vielsagendes Lächeln verriet mir, dass meine Vermutung stimmte. Schweigend gingen wir weiter nebeneinander her. Ein Pferdeschlitten fuhr vorüber, der Kutscher grüßte und verschwand in Richtung Zentrum. Wir näherten uns dem Hotel, das an einem Seitenarm der Aare liegt, der den Brienzer- mit dem Thunersee verbindet. Mein Blick fiel auf das hell erleuchtete Hotel Bellevue, das renoviert in der Architektur des Jugendstils erstrahlte. Wir betraten den prachtvollen Eingangsbereich, meldeten uns an und bekamen die Zimmerschlüssel. Dann verabredeten wir uns zum Essen in einer halben Stunde im Speisesaal.

Mit dem Aufzug ging es in den dritten Stock, Holmes hatte Zimmer 303, ich Zimmer 305. Um ein wenig zu entspannen, legte ich mich aufs Bett, fiel aber sofort in tiefen Schlaf und erwachte erst, als jemand wiederholt an meine Zimmertür klopfte.

»Ja doch, einen Moment.«

Ich richtete mich auf, blieb kurz auf dem Bettrand sitzen und ging dann zur Tür. Als ich öffnete, stürmte Holmes an mir vorbei.

»Sie werden nicht glauben, was passiert ist!«

Im nächsten Moment war ich hellwach. Es konnte eigentlich nur bedeuten, dass der Baron ein weiteres Mal zugeschlagen hatte.

»Wer ist es diesmal?«, fragte ich ohne Umschweife.

»Mycroft.«

»Du meine Güte! Ist ihm etwas zugestoßen?«, rief ich aus.

»Er hat nur kleinere Blessuren davongetragen und wurde zur Kontrolle ins St. Barth gebracht. Wiggins kümmert sich um ihn.«

»Was wird jetzt aus Bigby?«

»Dieser Halunke hat fürs Erste seine Schuldigkeit getan.«

Holmes setzte sich auf einen Stuhl am Fenster und sah nach draußen.

»Gruner will uns mit dieser Attacke aus dem Gleichgewicht bringen. Ein kluger Schachzug, das muss ich ihm lassen.«

»Wie können Sie nur so reden, Holmes! Ihr Bruder wurde bei dem Anschlag verletzt.«

»Wie schon gesagt, er hat nur leichte Blessuren davongetragen. Ich habe ihm bereits eine Nachricht zukommen lassen, er muss mir so schnell wie möglich Bericht erstatten. Vielleicht beruhigt es Sie zu wissen, dass Mycroft ohnehin nicht sterben sollte.«

Ich sah meinen Gefährten lange an. Diese unterkühlte Art über seinen Bruder zu sprechen, empfand ich als Schlag ins Gesicht.

»Holmes, Sie werden sich augenblicklich für die ungeheuerliche Art über Ihren Bruder zu sprechen entschuldigen«, fuhr ich ihn an.

»Watson, ich bitte Sie.«

»Wenn Sie es nicht tun, reise ich auf der Stelle ab.«

»Das meinen Sie doch nicht etwa ernst?«, dabei studierte er meinen Gesichtsausdruck und lenkte ein.

»Nun gut, ich entschuldige mich in aller Form für meine womöglich ein wenig kaltherzig klingende Bemerkung über Mycroft.«

Mir war natürlich bewusst, dass ich nur deshalb so verärgert reagierte, weil davon auszugehen war, er würde sich ebenso distanziert äußern, falls mir etwas zustieß.

»Warum Mycroft?«

»Er war das perfekte Ziel für Gruners Zwecke, weshalb ich Wiggins instruierte, er oder einer seiner Leute sollte meinen Bruder im Auge behalten.«

»Also sind Sie dem Baron zuvorgekommen.«

»Nur bis zu einem gewissen Punkt. Wir werden ihn in dem Glauben belassen, Mycroft wäre schwer verletzt. Das wird ihn in seiner Auffassung bestärken, dass er das Geschehen kontrolliert.«

»Ändert das denn irgendetwas?«

»Es macht Gruner anfälliger für Fehler und steigert seine Hybris.«

»Wir sollten uns erst einmal stärken«, schlug ich vor.

»In zehn Minuten im Speisesaal?«

»Gut, bis gleich, Holmes.«

Da stand ich nun in einem Hotelzimmer in Interlaken. Welche Herausforderung uns auch erwartete, es würde eine Herkulesaufgabe werden. Ich ging zum Fenster und sah hinaus auf diese märchenhaft anmutende Landschaft, die zwar ruhig und besinnlich wirkte, aber von Minute zu Minute bedrohlicher erschien. Ich lief im Zimmer auf und ab und versuchte, meine Gedanken zu ordnen. Was trieb den Baron an? Die Tatsache, dass er Sherlocks Bruder attackiert hatte, kam mir geradezu unglaublich vor.

Im Speisesaal nahm mich ein Kellner in Empfang und brachte mich zu Holmes an den Tisch. Er las den Tagesanzeiger und schaute nicht auf. Erst als wir allein waren, nahm er die Zeitung herunter.

»Eigentlich hatte ich vorgehabt, mit Ihnen ein paar Tage im Bellevue zu bleiben, doch scheint mir dies angesichts des Anschlags auf Mycroft keine sonderlich gute Idee zu sein. Wir sollten nicht abwarten, sondern handeln. Mein Vorschlag wäre nach Brienz weiterzureisen. Von dort aus unternehmen wir eine kleine Tour und suchen uns eine neue Bleibe. Könnte ich Sie dazu überreden?«

»Ich sehe keinen Grund, der dagegenspricht. Nur, wie stellen Sie sich das bei den aktuellen Wetterbedingungen vor?«

»Lassen Sie das meine Sorge sein, Watson. Wir werden uns mit einem Automobil befördern lassen.«

Ich hatte ein merkwürdiges Gefühl bei seinem Vorschlag. Handelte es sich um ein von langer Hand geplantes Vorhaben? Das vermochte ich nicht recht einzuschätzen. Die Vorspeise des Menüs wurde serviert, eine Markklößchensuppe Schweizer Art. Die Unterbrechung des Gesprächs gab mir etwas Zeit, meine spontan ablehnende Haltung zu überdenken. Ich war jetzt überzeugt davon, dass wir uns auf dem Weg nach Meiringen befanden. Ein Umstand, der bei mir völliges Unverständnis hervorrief. Oder bildete ich mir alles nur ein?

Moriarty war tot, daran gab es keinen Zweifel – oder etwa doch? Wir hatten die Suppe beendet, bestellten uns einen passenden Roten für das nun folgende Kalbsgeschnetzelte mit Rösti. Holmes entschuldigte sich und ging zur Toilette. Wieder kamen diese quälenden Bedenken in mir auf, die ich mit aller Macht zu unterdrücken suchte. Konnte es sein, dass mein Freund, der berühmte Sherlock Holmes, nicht mehr Herr seiner Sinne war? Was wollte er in Meiringen? Dann schwante mir etwas – war dies etwa der Ort, an dem die Konfrontation mit Gruner stattfinden sollte? Und wenn ja, warum? Dass der Napoleon des Verbrechens noch am Leben, im Mai 1891 nicht in den Reichenbachfall gestürzt war, und er hinter diesen Vorgängen steckte, erschien mir aberwitzig. Holmes hätte diesen Umstand nie und nimmer auf sich beruhen lassen und Moriarty, wohin auch immer, verfolgt, um ihn zur Strecke zu bringen. Außerdem sah ich den Bezug zu Gruner nicht.

Mein Gefährte kam zurück an den Tisch. Wenig später wurde der Wein serviert, gefolgt von dem Geschnetzelten, das wohl an keinem anderen Ort so hervorragend zubereitet wird wie in der Schweiz. Holmes war bester Laune, es gelang ihm scheinbar mühelos, mich meiner schweren Gedanken zu befreien. Dieser Umstand wurde mir erst vollends bewusst, als ich im Bett lag und bei offenem Fenster in die Nacht schaute. Ich dachte einfach nicht weiter darüber nach, was uns erwarten würde. Der Weg ins Herz der Finsternis war bereitet, und ich war gewillt, jeden Schritt zu gehen.

DER VORHANG HEBT SICH

Um halb neun verließen wir das Bellevue. Vor dem Eingang wartete eine Kutsche, die uns zum Bahnhof Interlaken Ost brachte. Die Brünigbahn stand bereits dampfend auf den Gleisen, mit uns stieg nur eine Handvoll Passagiere ein. Wir saßen im spärlich besetzten Großraumabteil des letzten Wagens ganz hinten. Holmes hatte keinen Zweifel daran gelassen, wo er sitzen wollte. Meine anfänglich aufgeräumte Stimmung verschlechterte sich zusehends, denn etwas sagte mir, dass wir jederzeit mit einer gefährlichen Überraschung rechnen mussten. Die ganze Nacht hindurch hatte es geschneit, wenn auch nur wenig. Sicherlich war es unter diesem Gesichtspunkt von Vorteil, dass Brienz und auch Meiringen etwa auf der gleichen Höhe über dem Meeresspiegel wie Interlaken lagen. Ibach, der Ort, an dem das Schweizer Armeemesser hergestellt worden war, hatte Holmes allem Anschein nach abgeschrieben. Nachvollziehen konnte ich diesen Entschluss nicht. Zudem fiel mir auf, dass er Meiringen noch nicht einmal erwähnt hatte. Soweit ich die Situation einschätzen konnte, lief aber alles darauf hinaus, nach sage und schreibe 29 Jahren dorthin zurückzukehren.

Ich sah mich im Wagen um – niemand schien Notiz von uns zu nehmen. Nur ein altes Ehepaar, das leise miteinander sprach, blickte sich mehrfach verstohlen zu uns um, doch schien dies einzig dem Umstand geschuldet, dass wir offenkundig nicht aus der Gegend stammten.

»Wie ich Ihnen sagte, werden wir von Brienz aus eine Fahrt mit einem Automobil unternehmen«, stellte Holmes fest.

Ich nickte und ließ nur Meiringen fallen.

»Ja, Meiringen. Aber das war Ihnen sicherlich schon seit unserer Abreise klar. Watson, wir werden, wenn Sie nichts dagegen haben, wieder im Englischen Hof bei Peter Steiler übernachten.«

Holmes wollte uns tatsächlich in derselben Pension wie 1891 einquartieren. Ich blickte ihn mit besorgter Miene an, zögerte erst, sprach dann aber doch aus, was mir seit geraumer Zeit auf der Seele lag.

»Holmes, geht es Ihnen gut? Unsere Freundschaft hat alle nur erdenklichen Höhen und Tiefen erlebt, weshalb ich offen zu Ihnen sein will. Sie demonstrieren alle Anzeichen von psychotischem Verhalten.«

Er sah mich unumwunden an und schien in keiner Weise verwundert.

»Mich beruhigt Ihre Einschätzung, mein Lieber. Jede andere hätte mich an Ihrer Intelligenz zweifeln lassen.«

Ich wartete darauf, dass er noch etwas hinzufügen, mehr über sein Befinden verraten würde, doch er schwieg. Also setzte ich nach.

»Weiter haben Sie nichts dazu zu sagen?«

»Nun gut, Watson. Stellen Sie mir zwei Fragen, ganz egal welcher Art. Ich werde Sie Ihnen nach bestem Wissen beantworten.«

Dann würde ich eben mein Glück versuchen. Die erste Frage betraf Moriarty.

»Ist der Professor tot?«

»Natürlich ist er das, gestorben am 4. Mai 1891 nach seinem Sturz in den Reichenbachfall. Wie Sie wissen, wurde die Leiche nie gefunden.«

Obgleich mir bei dieser Antwort ein Stein vom Herzen fiel, hatte ich sie erwartet. Dies bestärkte mich in der Ansicht, dass der Konflikt mit dem Baron real war, woraus sich meine zweite Frage ergab.

»Wird es zu einem Aufeinandertreffen zwischen Ihnen und Gruner kommen?«

»Alle Geschehnisse der letzten Tage weisen in diese Richtung, auch die Tatsache, dass Mycroft attackiert wurde. Sie wissen ja, dass er nach den Ereignissen am Reichenbachfall mein Kontaktmann war.«

»Also steht alles in irgendeiner Weise mit den Vorfällen vor knapp dreißig Jahren in Verbindung.«

»Nein, nur ein bestimmter Aspekt.«

»Du meine Güte, Sie sprechen in Rätseln. Was wird meine Rolle in diesem Konflikt sein?«

»Das ist bereits die dritte Frage, Watson. Abgesehen davon, dass ich sie Ihnen nicht beantworten würde, bin ich tatsächlich nicht in der Lage dazu.«

Mein Kamerad hatte für gewöhnlich ein ziemlich klares Bild davon, wie sich eine Situation entwickelte, und welche Rolle den einzelnen Personen zufiel. Warum deutete er mir an, nicht zu wissen, welchen Part ich in diesem Konflikt spielen würde?

»Was in Gottes Namen wollen wir in Meiringen, Holmes?«, fragte ich einfach weiter.

»Alles, was sich bisher zugetragen hat, verweist auf diesen Ort, Watson. Ich kann Ihnen definitiv nicht mehr sagen, es würde Ihre Entscheidungsfähigkeit beeinträchtigen.«

»Meine Entscheidungsfähigkeit?«, wiederholte ich reichlich irritiert.

Holmes wollte, dass ich mit ihm nach Meiringen reiste, um vermutlich den Reichenbachfall zu besuchen. Und das, ohne ein genaues Bild von der Situation zu haben. Mein Gefährte hatte die Augen geschlossen und schien alles um sich herum ignorieren zu wollen.

Der Zug bahnte sich seinen Weg entlang der Nordseite des Brienzer Sees, linker Hand passierten wir den gut 2000 Meter hohen Augstmatthorn. Kurz nach der Abreise aus Interlaken hatte es aufgehört zu schneien. Der Gipfel des Berges war nebelverhangen und nicht zu erkennen. Die Landschaft außerhalb unserer Kabine sah aus wie eine Märchenwelt, doch hatte ich das Gefühl, jeden Moment könnte hinter dem nächsten Felsvorsprung ein listiger Troll hervorspringen. Dieses Idyll in den Schweizer Alpen hatte sich schon einmal als das trügerischste meines Lebens erwiesen. Hoffentlich stand mir dies nicht ein zweites Mal bevor.

Warum, fragte ich mich, hatte Holmes Wiggins nicht gebeten, uns nachzureisen? Wieso blieb die einzige Person, die den Spießgesellen des Barons auch körperlich Paroli bieten konnte, auf der Insel? Diese Entscheidung wollte mir einfach nicht einleuchten.

Eine halbe Stunde später erreichten wir Brienz am nordwestlichen Ufer des gleichnamigen Sees. Holmes machte beim Aussteigen scheinbar keine Anstalten, besondere Vorsicht walten zu lassen. Als wir jedoch den Bahnhofsvorplatz verließen, war er wie verwandelt. Natürlich würden wir an einem so ruhigen Ort wie Brienz leicht ausgemacht werden. In dem nahegelegenen Gasthaus Zum Roten Ochsen nahmen wir eine Mittagsmahlzeit ein, tranken Kaffee und erreichten pünktlich um ein Uhr die dem Bahnhof vorgelagerte Busstation, von wo aus der vermutlich letzte Abschnitt unserer Reise nach Meiringen starten würde. Brienz wirkte wie im Dornröschenschlaf, uns begegneten kaum Menschen auf der Straße. Die Ruhe schien beinahe unwirklich, was die Lage bestens beschrieb, wie ich fand.

Drehte sich im vorliegenden Fall nicht alles um die Frage von Wirklichkeit und wie man sie wahrnahm? Die Leichen von Kitty Winter und Sir James waren unumstößliche Tatsachen, ebenso wie das Schweizer Armeemesser. Die Annahme, dass Gruner hinter den Taten steckte, war zwar kaum von der Hand zu weisen, doch hatten wir keinen endgültigen Beleg dafür. Letztlich fußten unsere Schlüsse auf Indizien. Basierend auf diesen Mutmaßungen hatten wir uns bis in die Tiefen der Zentralschweiz verschlagen lassen. Ich seufzte, was mir den fragenden Blick meines Freundes einbrachte, aber ich ging nicht darauf ein.

Entgegen seiner Erwartung konnten wir niemanden finden, der uns mit einem Wagen nach Meiringen gebracht hätte. Dann wurden wir glücklicherweise auf ein Postauto aufmerksam und erfuhren, dass es tatsächlich auch unser Ziel anfahren würde. Holmes gelang es, den Fahrer zu überzeugen, uns mitzunehmen. Wir mussten im Laderaum mit den Postsäcken Platz nehmen und ich darf sagen, dass diese wenig komfortable Fahrt durch die Berner Voralpen eine echte Herausforderung war.

Als wir schließlich am frühen Nachmittag das Ziel erreichten, hatte ich beim Aussteigen aus mehreren Gründen weiche Knie. Die verdrängten Erlebnisse waren mit einem Mal wieder allgegenwärtig, und mein Zittern hatte nichts mit der hier herrschenden Kälte zu tun. Holmes war angespannt, ich wurde den Eindruck nicht los, er rechnete jeden Moment mit einer Attacke. Zu Fuß erreichten wir den Englischen Hof, den der verheerende Großbrand in Meiringen im Herbst 1891 verschont hatte, und der fast noch genauso aussah wie im Frühjahr 1891. Peter Steiler der Ältere war von seinem Sohn abgelöst worden, der uns glücklicherweise nicht in denselben Zimmern wie damals unterbrachte. Es schien mir ratsam, das Schicksal nicht noch mehr herauszufordern, als wir dies ohnehin taten. Allein die Reise stellte nach meinem Dafürhalten bereits ein kaum vertretbares Risiko dar.

Wir vereinbarten, uns gegen halb fünf zum Tee auf der neuen Terrasse des Gasthofs zu treffen. Auch wenn mir nichts auffiel, war die latente Bedrohung mehr als greifbar.

DIE BÜHNE IST BEREITET

In Decken gehüllt, saßen wir auf der Aussichtsterrasse, tranken Tee und aßen dazu einen Original Schweizer Käsekuchen. Dessen Besonderheit ist es bekanntlich, nicht süß, sondern pikant zu schmecken. Holmes wirkte gefasst, als wisse er genau, was auf uns zukommen würde. Ich versuchte, gute Miene zum bösen Spiel zu machen, ließ mir nichts anmerken und scherzte darüber, dass das Interieur des Englischen Hofs noch so aussah wie bei unserem ersten Besuch vor rund dreißig Jahren.

Die Sonne hatte sich während der letzten Stunden immer wieder kurz gezeigt, doch hielt die Freude nie lange an. Nun waren dunkle, bedrohlich wirkende Wolken aufgezogen, und es wehte ein böiger Wind. Ich zog meine Decke enger um die Schultern und trank einen Schluck Tee. Der Anblick des Himmels hob meine ohnehin recht trübe Stimmung nicht gerade, am meisten jedoch verunsicherte mich der Umstand, dass Holmes so gut wie nichts sprach. Wenn er etwas sagte, dann streifte er belanglose Themen, wie das Wetter der kommenden Tage oder die Qualität des Kuchens, den wir gerade genossen.

Hätte ich ihn nicht so gut gekannt, wäre es mir womöglich entgangen, aber just in diesem Moment spürte ich das volle Ausmaß des Alters. Das Wissen darum, dass man wohl kaum genügend Kraft haben würde, um eine direkte Konfrontation mit unseren Gegnern erfolgreich bestreiten zu können. Obwohl ich es anfangs nicht hatte wahrhaben wollen, so wirkte der große Detektiv ein wenig kraftlos und in sich zusammengefallen. Eine gewisse Wehmut überkam mich, und auch er schien diese zu spüren. Bald darauf beendeten wir die nachmittägliche Teepause und zogen uns in die Räumlichkeiten des Englischen Hofs zurück. Im Kaminzimmer setzten wir uns ans Feuer und rauchten schweigend. Es fühlte sich an wie am Vorabend einer kriegsentscheidenden Schlacht gegen einen besser gerüsteten und in der Überzahl befindlichen Gegner. Ich hatte mir vorgenommen, Holmes nicht auf unsere Lage anzusprechen, wenngleich meine Gedanken unentwegt um die Frage kreisten, warum wir ein solches Risiko eingingen und an diesen Ort gekommen waren. Er beobachtete mich schon eine Weile aus dem Augenwinkel, bis er schließlich feststellte:

»Ich werde morgen früh einen Spaziergang unternehmen – allein. Sie könnten sich ja derweil Meiringen ansehen.«

Ich war empört.

»Allein, Holmes? Was hat das denn zu bedeuten?«

»Sie werden es schon früh genug erkennen, Watson. Wie doch eigentlich fast immer.«

Seine Stimme klang ruhig und überzeugend. Mir schmeichelte die Bemerkung, die geringfügige Einschränkung hatte ich natürlich bemerkt.

»Soll das etwa heißen, Sie verfolgen Ihren Plan, und ich diene lediglich der Ablenkung?«

»Wenn Sie es so sehen wollen.«

Ich dachte an die alten Zeiten zurück – im Grunde hatte er nie jemanden eingeweiht, es war eigentlich immer auf eine

Überraschung für seine Mitstreiter hinausgelaufen. Nur Holmes selbst wusste, was geschehen würde. Und doch beschlich mich dieses Mal das Gefühl, er sei nicht vollständig im Bild.

»Ich sage es frei heraus, Holmes. Ihr Plan scheint nicht bis ins Letzte durchdacht zu sein.«

Mein Gefährte zog mehrfach an seiner Meerschaumpfeife, bevor er antwortete.

»Da muss ich Ihnen entschieden widersprechen, Watson. Selten habe ich so intensiv an meinem Vorgehen gefeilt. Bedenken Sie eines, es geht um mehr als die beiden Mordfälle, weshalb diese Angelegenheit von Beginn an recht schwer einzuschätzen war.«

»Ich habe Angst um Sie«, konnte ich mich nicht zurückhalten.

»Und ich um Sie«, stellte er in seiner gewohnt trockenen Art fest und fügte hinzu: »Noch einmal, vertrauen Sie Ihrem Instinkt und bleiben Sie sich treu, Watson.«

Eine Pause folgte, die vermutlich länger war, als er dies beabsichtigt hatte.

»Davon wird vieles abhängen.«

Wieso hatte ich den Eindruck, dass Holmes vieles sagte, aber alles meinte? Ich bin ein Mensch mit Prinzipien. Konkret bedeutete dies, dass ich ihm, was immer in den kommenden Stunden passierte, beistehen würde – notfalls bis in den Tod.

Beim Blick aus dem Fenster meinte ich in einiger Entfernung jemanden auszumachen, der nicht recht in das Erscheinungsbild des verträumten Ortes passte. Hatten uns etwa die Häscher des Barons aufgespürt? Ich dachte erst daran, meinen langjährigen Freund auf den Mann hinzuweisen, doch war davon auszugehen, dass er ihn schon registriert hatte. Meinen Vorschlag, noch einen Spaziergang zu unternehmen, lehnte er mit dem Hinweis ab, dass es in Kürze wieder zu schneien beginne und dies eine für uns wenig vorteilhafte Wetterlage wäre. Auch diese Bemerkung verbesserte meine Stimmung nicht gerade.

»Wenn Sie noch etwas Luft schnappen möchten, können wir uns gerne wieder nach draußen setzen.«

»Dann würde ich es vorziehen, mich noch ein wenig hinzulegen und im Anschluss, zu Abend zu essen. Sofern es den Steilers recht wäre, könnte man den abschließenden Brandy auf der Terrasse nehmen.«

»Warum eigentlich nicht«, pflichtete er mir bei.

Um halb acht trafen wir uns zum Abendessen im Gastraum. Ganz wie erhofft, bekamen wir anschließend unseren Branntwein auf der Terrasse serviert. Der junge Steiler hatte eine Feuertonne vorbereiten lassen, an der wir dick eingepackt saßen. Wir erwähnten die bevorstehenden Ereignisse nicht mehr, sondern sprachen über die gemeinsame Vergangenheit – ließen Treffen mit berühmten Persönlichkeiten Revue passieren, erinnerten uns an diverse Konzertbesuche und sinnierten über alte Fälle. Schließlich gingen wir auf die Zimmer, verschlossen die Türen und legten uns schlafen.

DER FALL REICHENBACH

Um zehn nach sechs schreckte ich aus dem Schlaf hoch – wo war ich? Weshalb schneite es draußen? Ich musste ein paar Mal tief durchatmen, dann gelang es mir, mich zu orientieren. Ganz allmählich kehrte meine Erinnerung zurück – Holmes, Vitriol, Kitty Winter, Sir James, das Schweizer Armeemesser, Meiringen ... der Reichenbachfall.

Ich schaltete die Nachttischlampe ein und griff eine Zigarette aus meinem Etui. Wieso hatte ich bislang den Wasserfall nicht als den Ort für das Aufeinandertreffen in Betracht gezogen? Zwar konnte ich keine schlüssige Verbindung zum Baron erkennen, doch spürte ich, dass der Reichenbachfall zweifellos eine entscheidende Rolle spielen würde. Dann fiel plötzlich die Tür eines der Nachbarzimmer ins Schloss. War Holmes etwa auf dem Weg nach draußen? Ich sprang auf und überlegte, ob ich hinterhereilen sollte, entschloss mich aber dagegen. Ich knipste das Licht aus, war mit drei schnellen Schritten am Fenster und lugte hinaus. Ich sah ihn den Weg vom Haus zum Gartentor entlanggehen, er hatte seinen Deerstalker tief ins Gesicht gezogen und den Mantel eng um sich geschlungen. Am Tor blieb er stehen, sah sich um und verschwand dann, der Hauptstraße folgend, in Richtung Zentrum.

Was hatte er vor? Welchen Vorteil versprach er sich davon, so früh und zu allem allein aus dem Haus zu gehen? Er hatte mir ja bereits angedeutet, dass ich auf mich gestellt sein würde, wenn auch die Uhrzeit überraschte. Enttäuscht darüber, von ihm nicht ins Vertrauen gezogen worden zu sein, ging ich zurück zum Bett und zündete mir eine weitere Zigarette an. Holmes kryptische Bemerkung, dass vieles von mir abhängen würde, stimmte mich unruhig. Als ich endlich aufstand, war es Viertel vor acht. Es schneite nicht mehr. Ich machte mich an die Morgentoilette und ging wenig später nach unten zum Frühstück. Die Hoffnung, dass er mir eine Nachricht hinterlassen hatte, erfüllte sich nicht. Zur Stärkung bestellte ich eine große Portion Eier mit Speck, Brot sowie eine Kanne schwarzen Tee.

Danach suchte ich den jungen Steiler auf und fragte ihn, ob ihm Holmes heute früh begegnet sei. Er verneinte, informierte mich aber darüber, dass dieser ihn bereits am gestrigen Abend instruiert habe, mir etwas zu geben – allerdings nur, wenn ich ihn ansprechen sollte. Er kramte in seiner Hosentasche und überreichte mir einen zweifach gefalteten Zettel. Ihm dankend, beeilte ich mich aufs Zimmer zu kommen. Beim Auffalten des Papiers stockte ich – plötzlich war einer der schmerzlichsten Momente meines Lebens wieder zum Leben erwacht: meine Ankunft am Reichenbachfall, der am Felsen lehnende Spazierstock und die vermeintlich letzte Nachricht des Freundes. Ich hatte Holmes allein gelassen, um einer englischen Dame, die angeblich in Peter Steilers Pension im Sterben lag, in den letzten Stunden beizustehen. Dass Moriarty mich auf diese Weise von meinem Gefährten weglockte, hatte ich damals nicht erkannt.

Ich begann, wie ein Irrwisch im Zimmer auf- und abzulaufen, versuchte mich zu konzentrieren, um den Hinweis zu verstehen, doch es gelang mir einfach nicht. Dann fiel mir auf, dass ich in meiner Erregtheit vergessen hatte, den Zettel zu lesen! Hastig faltete ich ihn auf – zu meiner völligen Verblüffung stand dort ... nichts. Ich drehte das Blatt mehrfach um und starrte es entgeistert an. Dass der Zettel etwas bedeutete, stand außer Frage. Ich ließ mich auf den Stuhl am Fenster fallen und überlegte. Hatte Holmes womöglich Essig oder Buttermilch zum Schreiben verwendet, um die Zeilen vor unerwünschten Blicken zu schützen? Voller Erwartung entzündete ich eine Kerze, erhitzte das Blatt, doch da stand noch immer nichts. Welchen Zweck erfüllte diese Nachricht? Ich sah auf meine Uhr, mittlerweile war es halb zehn. Was um alles in der Welt wollte Holmes mir signalisieren?

In schneller Folge begann ich die Gewissheiten des Falls durchzugehen. Es ging um etwas Persönliches zwischen dem Baron und Sherlock Holmes und es machte den Anschein, dass dieser Konflikt nur in Meiringen, ausgefochten werden konnte. Gruner hatte ihm Vitriolöl zugesandt, sich an Kitty Winter und Sir Jamery gerächt, zwei zentrale Figuren der damaligen Ereignisse, doch schien ganz offenkundig die eigentliche Vendetta noch auszustehen. Die Zeit drängte, und wenn ich meinen Part nicht erfüllte, würde es für Holmes ... ich sah aus dem Fenster, mein Blick schweifte durch die Straßen, über die Dächer des Ortes, hinaus – bis zu den Felswänden, die Meiringen umlagerten. Der Zettel, den er mir zum Abschied am Reichenbachfall geschrieben hatte, war schlussendlich nicht mehr als eine Finte gewesen. Hätte ich damals meinem Instinkt vertraut, wäre vielleicht alles anders gekommen – denn erst wollte ich partout nicht glauben, dass

Holmes den Reichenbachfall hinabgestürzt war. Hättest du dich nur auf deine Intuition verlassen, John Watson. Dieser Satz hatte jahrelang in meinen Gedanken nachgehallt und wurde jetzt immer mehr zu einer Aufforderung. Es galt zu handeln, auf meine Art und ohne Kompromisse. Ich sprang vom Stuhl auf, griff meinen Mantel vom Haken und stürzte aus dem Zimmer. Dann eilte ich die Treppe nach unten und war auf der Straße. Mit einem Mal sah ich klar! Wiggins hielt sich nicht bei Mycroft auf, das hatte jemand für ihn übernommen. Unser Verbündeter musste gegen die Hintermänner Gruners vorgegangen sein, sonst würde sich Holmes nicht auf eine Konfrontation mit dem Österreicher einlassen. Mein Freund neigte in Momenten zur Waghalsigkeit, aber keineswegs zu unkontrolliertem Irrsinn. Ich vermutete, dass der Baron nicht mehr als zwei Gefolgsleute bei sich haben würde, obgleich das noch immer mehr als genug war. Bestand meine Rolle etwa ... der leere Zettel ... natürlich! Es gab keinen Ratschlag, keine Finten, alles hing von mir ab.

Ich musste so schnell wie möglich zum Reichenbachfall. Zu Fuß würde es einige Zeit dauern, bei diesen Witterungsverhältnissen womöglich zu lange? Wer in Meiringen besaß ein Auto? Hatte nicht der junge Steiler im Gespräch mit Holmes von seinem Automobil gesprochen? Ich lief zum Haus und entdeckte ihn, als er gerade den Weg zur Terrasse vom Schnee befreite. Er hatte tatsächlich einen Wagen, und ja, er würde mich in die Nähe der Fälle bringen, allerdings seien dann noch ein paar hundert Meter Fußweg zu überwinden und ich befände mich etwas erhöht, nicht unmittelbar am Wasserfall. Das sei kein Problem, antwortete ich ihm. Ich wäre mehr als dankbar, wenn wir die Fahrt jetzt sofort antreten würden. Ob er mir sein Jagdgewehr leihen könne, fragte ich ihn noch. Steiler wusste natürlich, was sich damals in Meiringen zugetragen hatte und war nur zu gerne bereit, zu helfen. Er stellte den Schneeschieber beiseite und lief los, um Wagenschlüssel und Waffe zu holen. Nur fünf Minuten später saßen wir in seinem Auto, durchfuhren Meiringen und nahmen die Schwendistraße in Richtung Reichenbachfall. Die Fahrt auf der rutschigen Straße glich einem Abenteuer, aber Steiler junior fuhr hervorragend. Seine große Leidenschaft seien, wie er mir zu verstehen gab, Automobile. Endlich hielt er, deutete auf einen schmalen Weg, der recht steil bergan über felsiges Geläuf führte. Er wollte wissen, ob er mich begleiten sollte, doch ich lehnte ab, schüttelte seine kräftige Hand und stieg aus.

»Dort entlang, Doktor. Das erspart Ihnen einiges an Zeit, und Sie kommen ungesehen ziemlich nah an den Wasserfall heran.«

»Danke, Herr Steiler. Wir sehen Sie dann später.«

Das hoffte ich zumindest. Er grüßte zum Abschied, drehte den Wagen und machte sich auf den Rückweg nach Meiringen. Ich beeilte mich, den Hang nach oben zu steigen, musste aber zweimal ausruhen, um zu Atem zu kommen. Der Aufstieg verlief ohne Zwischenfälle. Am Ende des engen Weges erreichte ich das Waldstück, in dem der sagenumwobene Reichenbachfall lag. Ich würde mich von oben an die Kaskade heranpirschen. Es war recht düster und der Boden schlecht zu erkennen. In nicht allzu weiter Entfernung musste sich der obere Abschnitt befinden. Das Grollen dieser

Naturgewalt drang bis zu mir herauf. Wodurch meine Gedanken angeregt wurden, kann ich nicht sagen, aber mit einem Mal glaubte ich zu verstehen, was Holmes mir mit auf den Weg hatte geben wollen. In diesem Moment stolperte ich über eine Wurzel und fiel – ein stechender Schmerz durchfuhr meinen rechten Knöchel, und das linke Knie pochte wild, als ich damit auf einen Stein aufschlug. Ich musste einen Moment liegen bleiben, um zu Kräften zu kommen, dabei blickte ich mich um. Bergab, in etwa achtzig Yards Entfernung, stand jemand hinter einem Felsvorsprung und blickte zum Wasserfall hinunter. Das musste einer von Gruners Leuten sein! Mühsam raffte ich mich auf.

Noch schien es nicht zu spät. Im Schutz der Bäume bewegte ich mich vorsichtig auf den Mann zu. Endlich kam ich so nahe an den Unbekannten heran, dass ich sein Gesicht erkennen konnte. Er war groß, mit groben Zügen, der seine Augen stur auf den kleinen Vorplatz am ersten Wasserfall der Kaskade gerichtet hatte. Ein Gewehr stand neben ihm. Es war der ominöse Ort, wo schon Holmes und Moriarty aufeinandergetroffen waren, und vermutlich auch Gruner und der Meisterdetektiv aufeinandertreffen würden. Ich suchte erneut die Umgebung mit den Augen ab. Nur noch wenige Schritte trennten mich von meinem Gegner.

War dies nicht die Stelle, von wo aus Colonel Moran den Kampf zwischen Holmes und Moriarty verfolgt hatte? Ich hastete hinter einen in unmittelbarer Nähe stehenden Baum; unter uns glaubte ich meinen Gefährten zu erkennen. Was hatte er vor? Holmes stand ganz nahe an dem felsigen Abgrund, so nah, dass man sich des Eindrucks nicht erwehren konnte, es bedürfe nur eines starken Windstoßes, um ihn aus diesem Leben zu befördern. Ich musste mich zusammennehmen, um nicht in Panik zu geraten und dem kaum beherrschbaren Drang zu widerstehen, ihm zuzurufen und von dieser unglückseligen Stelle wegzutreiben. Ich spürte, wie das Adrenalin durch meinen Körper schoss und längst verloren geglaubte Kräfte in mir aufstiegen. Jetzt griff der Mann das Gewehr und legte es auf den Felsabsatz vor sich. Es war Eile geboten. Ich sah mich um und hob einen handtellergroßen Stein vom Boden auf. Es blieb keine Zeit mehr. Ich glitt aus meinem Versteck, ging zügig auf den Mann zu, der sich jedoch, kurz bevor ich ihn erreichte, instinktiv umdrehte. Im nächsten Moment stürzte er sich auf mich – ich schlug zu, und wir fielen. Rücklings landete ich auf dem Boden und bekam keine Luft mehr. Mein einziger Gedanke war, du hast versagt, John. Ich erwartete den finalen Schlag, doch er kam nicht.

Der massige Körper meines Gegners lag regungslos auf mir. Ich schob ihn herunter und richtete mich ein Stück auf. Der Schlag hatte ihm die Stirn zerschmettert. Erst saß ich auf den Knien, dann gelang es mir hochzukommen, und mich zum Felsen zu schleppen. Ich atmete schwer, musste mich eine Weile abstützen; dann endlich war ich in der Lage, die Szene unter mir zu erfassen. Plötzlich hörte ich einen Aufschrei. Ein Mann, ohne jeden Zweifel Baron Gruner, lief mit einem Stock in der Linken schnellen Schritts auf Holmes zu. Der stand, mit ausgebreiteten Armen da und sah wahrhaftig so aus, als erwarte er den Sturz in den Abgrund. Gruner kam näher und näher, holte aus, um Holmes einen gezielten Stockhieb zu versetzen, der ihn in den Reichenbachfall stürzen würde. Doch als der Baron ihn fast erreicht hatte, drehte sich mein Gefährte mit schier unglaublicher Gewandtheit zur Seite, packte den rechten Arm des Angreifers und stieß ihn in den Abgrund. Das wutentbrannte Aufheulen Gruners klang zu mir herauf und ging durch Mark und Bein. Im nächsten Moment hatte sich Holmes bereits mehrere Schritte vom Abgrund entfernt und die Augen auf einen für mich nicht einsehbaren Punkt unterhalb der Felsen gerichtet. Ein zweiter Gefolgsmann des Barons, dachte ich nur und hastete den Berg weiter hinunter. Ich würde meinem Freund nicht rechtzeitig zu Hilfe kommen können, weshalb ich instinktiv stoppte. Was blieb mir? Ich sah auf den Stein in meiner Hand und warf ihn, ohne einen weiteren Gedanken zu verschwenden, gegen einen Felsvorsprung auf dem Plateau.

Im nächsten Moment war ich bereits in die Hocke gegangen und brachte Steilers Gewehr in Anschlag. Und richtig, ein Scherge des Barons – war das etwa Von Bork? – tauchte aus dem toten Winkel des Felsens auf. Ein Blick zu mir herauf, unsere Augen trafen sich, dann zückte er in einer Bewegung seine Waffe und schoss.

DEM GLÜCKLICHEN SCHLÄGT KEINE STUNDE

Als ich erwachte, kniete Holmes an meiner Seite und flößte mir Kirschwasser ein. Meine Schulter brannte wie Feuer, ich musste getroffen worden sein.

»Es ist nur ein Streifschuss, Watson. Ich habe ihn bereits mit Alkohol desinfiziert. Bei ihrem Widersacher ist die Angelegenheit nicht so glimpflich verlaufen. Ich darf sagen, ein meisterhafter Schuss, mein Lieber. Sie haben ihn mitten ins Herz getroffen.«

»Holmes, was um alles in der Welt …«, ich stöhnte auf, die Wunde bereitete infernalische Schmerzen.

Der Meisterdetektiv hatte sich seines Mantels entledigt und mich darin eingewickelt.

»Sie können hier nicht liegen bleiben. Die Schusswunde ist zwar nicht lebensbedrohlich, aber eine Lungenentzündung wäre es wohl schon. Kommen Sie hoch, Watson.«

Ich nickte und kam dank der tatkräftigen Mithilfe meines Freundes auf die Beine. Holmes hatte, um zu mir zu gelangen, eine waghalsige Klettertour bewältigt. Wegen meiner Verletzung blieb uns keine andere Option, als den Berg hinaufzusteigen und dann den schmalen, steilen Pfad hinab zur Straße zu nehmen. Nachdem wir endlich angelangt waren, kam uns wie vom Himmel gesandt ein Bergbauer auf einem Karren entgegen. Als dieser meinen bedauernswerten Zustand bemerkte, bot er an, uns nach Meiringen zu bringen, obwohl er in die entgegengesetzte Richtung unterwegs war. Um die

Mittagszeit erreichten wir die Ortseinfahrt, stiegen vom Karren und bedankten uns bei dem Bauern. Holmes entlohnte den Mann mit einem überaus großzügigen Fuhrgeld, was dieser erst ablehnte, dann aber doch einsteckte. Er dankte herzlich und machte sich ein zweites Mal auf seinen Weg. Langsam gingen wir die Straße entlang, Holmes mich stützend. Am Marktplatz blieben wir einen Augenblick stehen und sahen uns um. Die Wolkendecke war aufgerissen und Sonnenstrahlen wärmten unsere Gesichter.

»Ist dieser Albtraum jetzt endlich vorbei?«, fragte ich ihn unter starken Schmerzen.

»Soweit ich das beurteilen kann, ja.«

Mein Aufatmen war wohl deutlich zu vernehmen. Holmes sah mich an und lächelte.

»Ich habe Sie über alle Maßen strapaziert, und Sie meisterten Ihre Aufgabe wieder einmal mehr als bravourös, alter Freund.«

»Sie konnten doch nicht wissen, dass ich die beiden Gefolgsleute des Barons würde ausschalten können. Ihr gesamtes Vorhaben fußte darauf«, bemerkte ich kopfschüttelnd.

»Das stimmt. Wichtig war natürlich, dass Gruner nicht mit mehr als zwei oder drei Männern in Meiringen auftauchte. Wiggins hat seine Aufgabe hervorragend erledigt.«

»Und alles Weitere haben Sie dann mir überlassen?«

»Ich habe mich dem treuesten und besten Mann, den ich kenne, anvertraut. Und, wie jedes Mal, wenn ich ihn gebraucht habe, hat er Hervorragendes geleistet.«

Wir machten uns auf den Weg, der Englische Hof lag noch ein Stück entfernt und meine Kräfte schwanden.

»Bis auf dieses eine Mal«, sagte ich unvermittelt und Holmes blickte sich zu mir um.

»Sie haben damals das getan, was jeder anständige Mensch tun würde. Außerdem hätte ich Sie ja darum bitten können, bei mir zu bleiben. Ich denke vielmehr, dass es an mir ist, mich bei Ihnen für die fehlende Loyalität zu entschuldigen.«

Ich schwieg und genoss den Moment, obgleich die Schmerzen allmählich unerträglich wurden. Endlich näherten wir uns dem Steiler'schen Gasthof, mittlerweile konnte ich mich kaum noch auf den Beinen halten. Viele Fragen gingen mir durch den Kopf, doch sehnte ich mich nur noch nach einem Bett. Ein Kollege musste umgehend konsultiert werden, Holmes würde sich darum kümmern. Mit letzter Kraft schaffte ich es ins Zimmer. Mein Gefährte half mir beim Auskleiden und packte mich ins Bett.

»Ich kümmere mich sofort um einen Arzt. Versuchen Sie etwas zu ruhen, Watson. Bin gleich zurück, und … danke.«

KEIN MYTHOS NIE

Zwei Tage lang litt ich an Fieberattacken, die Erschöpfung trug sicherlich ihren Teil dazu bei. Am dritten Tag ging es mir deutlich besser und ich konnte das Frühstück im Speisesaal einnehmen. Doktor Schümlin, der Arzt der Gemeinde, und Holmes hatten sich die Schichten an meinem Bett geteilt, bis das Gröbste überstanden war. Nun endlich würden wir diesen mit Erinnerungen überfrachteten Ort ein für alle Mal verlassen können. Als würde sich Meiringen zum Abschied von seiner besten Seite zeigen wollen, herrschte an jenem Morgen strahlender Sonnenschein. Diese abenteuerliche Geschichte lag hinter uns, was meine offenen Fragen wieder aufwarf. Während des Frühstücks sah mich Holmes plötzlich wissend an und begann, ohne aufgefordert worden zu sein, zu berichten.

»Sie haben sich zu Recht gewundert, als ich Ihnen sagte, es käme in vielerlei Hinsicht auf Sie, also auf Ihre Entscheidungen, an. Natürlich war Ihre Vermutung richtig, dass es einzig und allein von Ihnen abhängen würde, um dieser Bedrohung Herr zu werden. Nachdem ich begriffen hatte, dass Gruner an einem zwanghaften Wahn litt und davon regelrecht besessen war, wusste ich, dass es auf eine direkte Konfrontation mit ihm am Reichenbachfall hinauslaufen würde. Sicherlich haben Sie schon frühzeitig erkannt, was der, wenn ich es mal philosophisch ausdrücken darf, letzte Grund für diese Mordserie war.«

»Nun, er wollte Gleiches mit Gleichem vergelten und Ihnen das Schlimmstmögliche antun, was er sich für Sie vorstellen konnte, nämlich, in den Reichenbachfall zu stürzen, so, wie einst Professor Moriarty.«

»Und weiter?«

»Sie meinen, es gibt noch einen dringlicheren Grund?«

»Ja, Watson. Ihre Theorie in allen Ehren, aber wenn ich Ihrem Gedanken folge, stellt sich mir die Frage, was Moriarty und der Reichenbachfall mit dem Baron zu tun haben. Versetzen Sie sich in Gruners Lage nach der Vitriol-Attacke, nicht nur war sein bisheriges Leben zerstört – es wurde öffentlich. Plötzlich wusste alle Welt, was für ein Mann er wirklich war. Die Gerüchte um die Ermordung seiner ersten Frau, die Tötung des vermeintlichen Zeugen sowie die weiteren Angriffe auf Gegenspieler oder Agenten; vor allem aber das geheime Buch des Barons, in dem er den Niedergang der unzähligen Frauen genüsslich dokumentierte, die er willentlich zugrunde richtete.«

Allmählich konnte ich den Gedankengang meines Freundes nachvollziehen und führte weiter aus:

»Gruner rächt sich an Kitty Winter und James Damery, aber der Mann, der seinem Verständnis nach, das Unglück ursächlich verschuldet hat, war ein anderer, Sherlock Holmes. Nicht nur das, nach seinem gesellschaftlichen Niedergang sind Sie über die Jahre zum Sinnbild des modernen Detektivs geworden. Derjenige, der den Klauen des Reichenbachfalls entkommen und von den tödlichen Wassern auferstanden ist. Das hat ihn schier in den Wahnsinn getrieben. Liege ich da richtig?«

»Ich kann Ihnen nur zustimmen, Watson.«

»Er wollte den Mythos Sherlock Holmes ein für alle Mal auslöschen!«, rief ich aus.

»Eine wesentliche Frage, die Sie schon zu Beginn des Falls gestellt haben, wartet noch darauf, beantwortet zu werden. Wieso dauerte es so lange, bis sich der Baron zu diesem Rachefeldzug entschloss?«

Mein Achselzucken war für ihn Aufforderung genug, seine Erklärung zu liefern.

»Das kurze Gespräch mit Gruner am Reichenbachfall hat meine Vermutung bestätigt. Nach dem Prozess gegen Kitty Winter musste er England wie ein geprügelter Hund verlassen. Es dauerte einige Zeit, bis es ihm nach der Vitriol-Attacke besser ging, dann arbeitete er mit einem guten Bekannten von uns zusammen, dem Agenten Von Bork.«

»Gruner wurde demnach Spion.«

»Ich hatte Ihnen ja schon angedeutet, dass es während des Von-Bork-Falls einen Drahtzieher in Deutschland namens Niederwald gab. Wiggins hat entsprechende Nachforschungen angestellt und herausgefunden, dass es sich zweifelsfrei um Baron Gruner handelte. Hierbei wurde klar, dass sich dieser durch beharrliches Training und dank seiner ausgezeichneten Konstitution immer weiter erholte.«

»Ich nehme an, der verlorene Krieg hat seine Rachegelüste zusätzlich angestachelt«, folgerte ich.

»Er muss den Kriegsausgang als persönliche Niederlage empfunden haben, sowohl gegen das Königreich als auch gegen mich. Inwieweit hinzukam, dass wir kurz vor Kriegsausbruch Von Bork mattgesetzt und, ohne es zu wissen, damit auch ihm indirekt eine empfindliche Niederlage zugefügt haben, kann man nur mutmaßen.«

»Es hat sein Verlangen, Sie in den Abgrund des Reichenbachfalls zu stürzen und damit den Mythos des unsterblichen Detektivs ein für alle Mal zu zerstören, bis ins Wahnhafte gesteigert.«

Holmes zog sein silbernes Etui hervor und bot mir eine Zigarette an. Als er mich ansah, verrieten seine Augen, dass er ganz und gar nicht sicher gewesen war, dem Schlund des Reichenbachfalls zu entkommen.

»Ich stand sehr nah am Abgrund, Watson«, bemerkte er mitgenommen. »Dieser Anblick war wirklich kaum zu ertragen. Ich bin einfach nur froh, dass alles vorbei ist. Danke für Ihren Beistand, alter Junge.«

ZURÜCK IN DEN SOUTH DOWNS

Nach den dramatischen Ereignissen am Reichenbachfall waren Holmes und ich zur Erholung an den Zürichsee gereist. Obgleich wir ohne größere Blessuren davongekommen waren, hatten die Anstrengungen doch ihren Tribut gefordert. Wir verbrachten dort zwei entspannende Wochen, dann machten wir uns auf die Heimreise.

Holmes schlug vor, dass ich einen weiteren Tag bei ihm in den South Downs verbringen solle. Ich stimmte zu und so saßen wir an unserem letzten gemeinsamen Abend wieder am Kamin. Das Feuer prasselte und wir ließen bei Brandy und Zigarre die vergangenen Geschehnisse noch ein letztes Mal Revue passieren. Wie es sich zwischen uns über die Jahre hin eingespielt hatte, begann ich damit, ihm Fragen über Einzelheiten des Falls zu stellen, die sich mir nicht gänzlich erschlossen hatten.

»Holmes, wann genau war Ihnen klar, dass Gruner es auf einen Zweikampf am Reichbachfall abgesehen hatte?«

»Nun, es gab für mich zwei Stufen des Verstehens. Nachdem uns die Leiche der armen Kitty Winter auf meiner Türschwelle in Alarmbereitschaft versetzt hatte, aber der Baron uns nicht attackierte, wurde ich hellhörig. Wie Sie sich bestimmt erinnern, wiesen mehrere Indizien auf den Kontinent: Gruner selbst, seine Beziehung zu Von Bork und die Geheimdiensttätigkeit. Das Schweizer Armeemesser, mit dem Kitty Winter ermordet und auf dem stillgelegten Fabrikgelände in der Nähe von Sowley Pond zurückgelassen wurde, war ein klares Signal an mich. Porky Johnson konnte sich noch aus der Schusslinie bringen, bei Sir James kamen wir leider zu spät. Ein folgenschwerer Fehler, die Kaltschnäuzigkeit des Barons zu unterschätzen. Als wir den erdrosselten Sir James in unserem Wohnraum entdeckten, war klar, dass Gruner die Angelegenheit äußerst persönlich nahm. Und was ist persönlicher als ein finales Duell? Der Kampf mit mir, zu dem es damals in seinem Haus wegen der Vitriol-Attacke von Kitty Winter nicht gekommen war, sollte nun endlich stattfinden und mit meinem Tod in den Fluten des Reichenbachfalls enden, so, wie es ja bereits 1891 hätte geschehen sollen.«

»Der ungewöhnliche Tod eines gewöhnlichen Menschen. Das Messer war also der Schlüssel?«

»Exakt, hergestellt in Ibach in der Zentralschweiz und nur rund vierzig Meilen von Meiringen entfernt. Gruner ging davon aus, dass ich den Hinweis auf die Schweiz richtig deuten würde.«

»Aber eben nicht mehr«, warf ich ein.

»Ganz genau, Watson. Der Baron hat nicht geahnt, dass mir die Jahreszahlen das Ziel seines Hunts verraten würde. In Kombination mit der Enttarnung Bigbys waren wir deshalb schon frühzeitig in der Lage, entscheidend einzulenken. Die Festnahme seiner Komplizen, bevor diese England verlassen konnten, machte unsere erfolgreiche Mission am Reichenbachfall erst möglich. Wiggins sei Dank. Wir hätten es wohl kaum mit fünf oder sechs dieser Schurken aufnehmen können.«

»In der Wahnidee des Österreichers, Sie tot in den Wassern des Reichenbachfalls treiben zu sehen und damit den Mythos Sherlock Holmes zerstört zu haben, lag demnach unsere Chance.«

»Ja, denn nur dies schien ihm als Wiedergutmachung für die Zerstörung seines Lebens angemessen. Es war also von entscheidender Wichtigkeit herauszubekommen, was Gruner auf dem Kontinent vorhatte.«

»Und wenn bei der Verhaftung der Komplizen etwas schiefgegangen wäre?«

»Hätten Wiggins und Lestrade, Letzterer mit seinen ausgezeichneten Kontakten zum Yard, beim Vorgehen gegen die Männer des Barons einen Fehler begangen, und diese wären in Meiringen aufgetaucht – nicht auszudenken. So aber waren wir mehr oder minder auf Augenhöhe mit unseren Widersachern. Dann wurde mir etwas Entscheidendes klar, Gruner würde wahrscheinlich meinen Vorteil unterschätzen, dass ich die Bedingungen am Wasserfall durch meinen Zweikampf mit Moriarty bestens kannte.«

»Wie sich gezeigt hat, ein unschätzbarer Vorteil, Holmes. Dennoch, ohne Wiggins' und Lestrades Hilfe wären wir vermutlich gescheitert.«

»Es war sehr hilfreich, dass sie uns den Rücken freigehalten haben, dennoch würde ich Ihnen und mir selbst in der aussichtslosesten Situation immer eine Chance einräumen. Natürlich habe ich darauf gezählt, dass Gruners Schläger in England festgesetzt würden. Sie wurden wegen des Verdachts der Ermordung von Kitty Winter und Sir James in Haft genommen. Einige sehr einflussreiche Männer des Empires wollen den Mord an dem Adeligen um jeden Preis gesühnt sehen. Es gibt diverse Indizien, die mehr als Hoffnung auf eine Verurteilung machen. Außer den Fußabdrücken unweit von Sowley Pond, den Reifenspuren der Wagen vor Sir James' Anwesen und meinem Cottage ließen sich noch der Körperbau und die Stimmen der Männer anführen, die Sir James' Diener und andere Hausangestellte bei einer Gegenüberstellung identifizieren dürften. Aber unser größter Trumpf ist Bigby, der dank Wiggins gegen seine Komplizen vor Gericht aussagen will, um seine Haut zu retten. Ich bin überzeugt, dass es dem talentiertesten Detektiv des Empires gelingen wird, diese Brut hinter Schloss und Riegel zu bringen. Und bei Bedarf wären wir ja auch noch da.«

»Meisterhaft, Holmes.«

»Ohne Ihre tatkräftige Mithilfe in Meiringen hätte aller Einsatz nichts genutzt. Und glücklicherweise hatte sich Gruner in den Kopf gesetzt, dass ich durch seine Hand sterben müsse. Direkt am Abgrund zu stehen und das Terrain genau zu kennen, da ich es an jenem Morgen noch einmal studiert hatte, war von unschätzbarem Wert. Und vergessen wir nicht, dass Sie, mein lieber Watson, durch Ihre – nennen wir es – literarischen Versuche den Mythos Sherlock Holmes entscheidend mitgeprägt haben.«

»Sie können es einfach nicht lassen, werter Freund«, bemerkte ich amüsiert.

Holmes hatte von jeher meine Darstellungen unserer Fälle nicht sonderlich ernst genommen, warum sollte sich dies am letzten gemeinsamen Abend ändern? Er schwieg eine Weile und fügte schließlich hinzu:

»Ich gab Gruner zu erkennen, dass wir in die Schweiz reisen würden, um dem von ihm lancierten Hinweis mit dem Messer nachzugehen.«

»So weit habe ich verstanden. Aber was war der entscheidende Auslöser für diese Gräueltaten nach all den Jahren?«

»Wie Sie wissen, musste er England geschmäht und gedemütigt verlassen. Meine These ist, dass die Geheimdiensttätigkeit für die Mittelmächte seinen Hass von der persönlichen auf eine höhere, wenn man so möchte, weltgeschichtliche Ebene verschob oder ablenkte. Solange diese Projektionsfläche existierte, waren wir als ursächliche Feinde nicht mehr von Bedeutung. Dann jedoch ging der Weltkrieg verloren, was der Baron als eine abermalige Demütigung empfunden haben muss, die sich unter anderem im Versailler Vertrag und den enormen Reparationszahlungen für die Verlierer zeigte. Was blieb ihm nach dem Krieg? Er hatte nichts mehr, wofür es sich noch zu kämpfen lohnte. In einem solchen Moment wird man auf sich selbst zurückgeworfen, Watson. Gruner starrte in den Abgrund seines Charakters, und das sinnbildlich mit jedem Blick in den Spiegel. Liegt es da so fern, dass er mich, seinen Erzfeind in den Abgrund stürzen wollte, dem ich auf so wundersame Weise entronnen war? Dieser innewohnende Hass, versinnbildlicht durch sein entstelltes Äußeres, benötigte ein neues Ziel: uns, die wir aus seiner Sicht für seine Verunstaltung und den Niedergang verantwortlich waren.«

»Und dieses Buch mit den abscheulichen Aufzeichnungen über seine Gespielinnen, deren Leben er ruinierte, war also der Schlüssel zu allem«, setzte ich hinzu.

»Es genügte bereits, ein paar delikate Einzelheiten davon verbreiten zu lassen – unser Freund Langdale Pike war damals sehr hilfreich. Der Tratsch über Gruner verbreitete sich wie ein Lauffeuer, dem niemand Einhalt gebieten konnte.«

»Hätten wir Pike nicht ebenfalls schützen müssen?«

Holmes sah mich an und nickte.

»Ja, daran hätten wir denken müssen.«

»Das Alter«, warf ich mit gespielter Ironie ein.

Er sah mich an und lächelte in stillem Einvernehmen.

»Noch ein Wort zu Ihrem Zweikampf mit Gruner. Obwohl Sie sich besser auskannten als er, hatte der Baron wegen seines geringeren Alters doch einen gewissen Vorteil.«

»Das stimmt wohl. Der entscheidende Vorteil war jedoch, das Terrain exakt zu kennen. Unmittelbar am Abgrund zu stehen, zwang den Baron dazu, mich anzugreifen. Erschießen stellte für ihn keine Option dar, es wäre auch tatsächlich zu banal gewesen. Nur haben Sie seine Lebensversicherung ausgeschaltet, sonst hätte mich sicherlich eine Kugel ereilt, als ich Gruner in die Tiefe geschleudert habe. Der Winkel war für den Schützen von dort oben deutlich besser als auf dem Plateau.«

Ich würde ihm nicht offenbaren, dass ich den Gefolgsmann des Barons mit mehr Glück als Verstand zur Strecke gebracht hatte. Und wenn der zweite Mann schneller reagiert hätte, wäre meine Hilfe wahrscheinlich zu spät gekommen. Er muss nicht alles wissen, dachte ich mir. Holmes wollte noch etwas loswerden.

»Wie ich Ihnen schon sagte, haben Sie mit meinem vermeintlichen Ende am Reichenbachfall im ›Letzten Problem‹

und dem plötzlichen Wiederauftauchen, das Sie so emphatisch in ›Das leere Haus‹ geschildert haben, einen Mythos begründet. Je mehr meine Bekanntheit zunahm, desto unerträglicher muss es für Gruner geworden sein. Er hatte sich in den Kopf gesetzt, diese Legende um jeden Preis zu zerstören. Der unsterblich gewordene Sherlock Holmes tot in den Wassern des Reichenbachfalls. Nur das war ihm die adäquate Wiedergutmachung für seine erlittene Pein.«

»Ein Psychopath.«

»Ohne jeden Zweifel, Watson. Wir müssen uns damit abfinden, dass die Art und Weise, wie sich unsere Welt derzeit entwickelt, mehr und mehr monomane Charaktere hervorbringen wird. Die Krux liegt im System. Wenn der Einzelne in der Gesellschaft an Bedeutung verliert und das Gefühl hat, wertlos und unbedeutend zu sein, weil die wirtschaftlichen und sozialen Verhältnisse das Individuelle regelrecht zermalmen, dann wird es Menschen geben, die sich mit aller Kraft gegen diese Ohnmacht auflehnen und unter Umständen psychopathologisch reagieren, ergo, eine Monomanie entwickeln.«

»Sie haben nicht zufällig in den letzten Jahren Psychoanalyse studiert, Holmes?«

»Nein, Watson, aber ich gebe gern zu, dass ich abends am Kamin ein paar Werke dazu gelesen und meine Überlegungen auf die mir bekannten Gesellschaftstheorien übertragen habe. Nichts, womit wir uns aufhalten sollten.«

Ich hatte noch zwei abschließende Fragen, die mich beschäftigten.

»Warum arbeiteten Von Bork und Gruner zusammen?«

»Der Beweggrund bei Von Bork scheint mir simple Rache zu sein.«

»Wegen der Ereignisse, die sich kurz vor Kriegsbeginn abgespielt haben?«

»Vermutlich schon. Gleichwohl es pauschal klingen mag, der Deutsche ist seinem Charakter nach revanchistisch und kriegerisch veranlagt.«

»Und wieso haben Sie angenommen, dass ich am Reichenbachfall sein würde?«

Holmes sah mich an, ein flüchtiges Grinsen huschte über sein Gesicht.

»Selbst wenn ich bisweilen ein wenig ungehalten Ihnen gegenüber reagiere, so würde ich doch nie Ihre intuitive Intelligenz in Frage stellen. Übrigens, ein hohes Gut, mit dem Sie mehr als großzügig bedacht wurden. Sie haben genau das getan, was ein wahrer Freund tut. Mein Leben hing davon ab, dass ich Sie richtig einschätzen würde. Der positive Nebeneffekt war, dass Sie dieses Mal die Ereignisse mit Ihren eigenen Augen sahen, was Ihnen im Fall von Professor Moriarty verwehrt blieb. Baron Gruner hat exakt so gehandelt, wie ich es erhofft hatte. Es war fast eine Blaupause zum Verhalten von Moriarty.«

»Beide haben sich sich von ihren Emotionen übermannen lassen.«

»Keine weise Entscheidung an einem so tückischen Ort wie diesem.«

»Fast so tückisch wie ihr Gegner. Manchmal ist es durchaus förderlich, sich nicht wie ein Gentleman zu verhalten«, setzte ich hinzu.

Es war kaum zu glauben, mit welch simplem Trick er Moriarty und Gruner in den Abgrund gestürzt hatte. Holmes räusperte sich und nahm eine feierliche Haltung ein, ihm schien etwas auf der Seele zu liegen.

»Watson, ich möchte mich noch einmal ausdrücklich bei Ihnen bedanken. Ihr Zutun war elementar.«

»Danke, Holmes. Das von Ihnen zu hören, erfüllt mich mit Freude.«

»Sie fahren morgen zurück, nehme ich an?«, er machte eine Pause und sah an mir vorbei in den Garten. »Fühlen Sie sich denn wohl in London?«

Die Frage irritierte mich.

»Danke, soweit ist alles in Ordnung. Ich führe ein geordnetes und recht genügsames Leben. Wie Sie wissen, versorgt mich eine Haushälterin mit dem Notwendigsten, und dann habe ich ja noch meinen Club. Ich lebe so, wie es sich für einen Mann meines Alters und Standes geziemt.«

»Wir haben hier in Eastbourne auch einen Club, natürlich ein wenig schlichter als der Ihre in London, aber durchaus beachtlich, würde ich meinen.«

Ich konnte beim besten Willen nicht nachvollziehen, was mein langjähriger Freund mir zu sagen versuchte. Er griff den San Marzano vom Beistelltisch und schenkte uns ein. Wir stießen erneut auf den Erfolg des Unterfangens an. Dieses Mal räusperte sich Holmes mehrfach, bevor er weitersprach.

»Watson, könnten Sie sich vorstellen? Nein, vielleicht doch nicht. Nein.«

»Was vorstellen, Holmes? Heraus mit der Sprache, sagen Sie, was Sie zu sagen haben.«

»Nun, Sie und ich, hier, also, wie in den guten alten Zeiten in der Baker Street. Jetzt lassen Sie sich doch nicht so bitten«, fuhr er mich an.

Es brauchte einen Moment, bis ich verstanden hatte.

»Zu Ihnen in die Downs ziehen? Ich bin gelinde gesagt verblüfft«, war meine spontane Reaktion.

»Vergessen Sie es, eine dumme Idee. Keine Ahnung, wie ich darauf gekommen bin.«

Er schien peinlich berührt, weshalb ich versuchte, ihm eine Brücke zu bauen.

»Schenken Sie uns noch ein Glas ein, Holmes. Ich muss gestehen, dass ich bei meiner Ankunft dachte, der Umzug hierher sei die weiseste Entscheidung Ihres Lebens gewesen. Ein außergewöhnlich schöner Ort.«

»Sie können es sich also vorstellen?«, platzte er heraus.

Seine Begeisterung war fast ein wenig verstörend, doch allmählich begann ich, mich mit dem Gedanken anzufreunden.

»Was halten Sie von einer gemeinsamen Woche? Danach treffen wir eine Entscheidung.«

»Das ist großartig! Wir sollten Wiggins benachrichtigen, vielleicht hat er ja ein wenig Arbeit für uns.«

»Arbeit? Haben Sie nicht genug nach den letzten Tagen?«

»Ich glaube kaum, dass wir noch einmal mit einer solchen Situation konfrontiert werden.«

»Sie sind wirklich nicht tot zu bekommen«, entgegnete ich lachend.

»Das, mein lieber Watson, hätten Sie Gruner und Moriarty sagen sollen, bevor es zu spät war.«

Zum Autor:

Neben seiner Krimi-Reihe um den Mainzer Altstadtkommissar Schack Bekker schreibt der 1965 in Mainz geborene Autor Sherlock-Holmes-Romane. Peter Jackob ist Preisträger des »Blauen Karfunkel«, eine Auszeichnung der Deutschen Sherlock-Holmes-Gesellschaft. Weiterhin hat er einen Finnland-Thriller, Lyrik und Kurzkrimis veröffentlicht. Nach fünfzehn Jahren in Florenz lebt Peter Jackob wieder in seiner Heimatstadt.

Autorenseite:
www.peterjackob.de

Krimitouren mit Schack Bekker:
www.mit-schack-unterwegs.de

Fiktiver Kommissar trifft auf realen Kommissar:
www.unter-kommissaren.de

Folgende Sherlock Holmes-Fälle von Peter Jackob sind erschienen:

»John H. Watson – Die Jagdgesellschaft«
Konrad Kirsch Verlag 2007

»Das Geheimnis von Compton Lodge. Ein Sherlock Holmes-Roman«
Gollenstein Verlag 2012

»Die Jagdgesellschaft« von Billingshurst. Ein Sherlock Holmes-Roman«
Gollenstein Verlag 2013

»Der verschwundene Diplomat«, in: »Sherlock Holmes und die Drachenlady«
Blitz Verlag 2014

»Das Geheimnis von Compton Lodge«, in: »Elementar, mein lieber Watson! Neue Fälle für Sherlock Holmes«
Kampa Verlag 2020

Folgende Sherlock Holmes-Fälle aus der Reihe »The Late Cases« von Peter Jackob sind erschienen oder in Vorbereitung:

»Der Fall der Fälle. Sherlock Holmes – The Late Cases«
TZ Verlag 2024

»Platons Wecker. Sherlock Holmes – The Late Cases«
Erscheint 2025